Topos-Taschenbücher
Band 96

Klaus Gotto/Konrad Repgen (Hg.)

Kirche, Katholiken und Nationalsozialismus

Topos-Taschenbücher

Originalausgabe erstmals veröffentlicht
als Topos-Taschenbuch

CIP-Kurztitelaufnahme der Deutschen Bibliothek

Kirche, Katholiken und Nationalsozialismus /
Klaus Gotto; Konrad Repgen (Hg.) – Orig.-Ausg., 1. Aufl. –
Mainz: Matthias-Grünewald-Verlag 1980
(Topos-Taschenbücher; Bd. 96)
ISBN 3-7867-0838-X
NE: Gotto, Klaus (Hrsg.)

Reihengestaltung Eschert & Bänder
Herstellung Clausen & Bosse, Leck

Inhaltsverzeichnis

Vorwort

Das Verhalten der Kirche und des Katholizismus gegenüber dem Nationalsozialismus interessiert seit langem viele, besonders junge Menschen mit ernsten und kritischen Fragen. Das vorliegende Buch unternimmt den Versuch, die zentralen Probleme, um die es dabei geht, zusammenfassend darzustellen.

Auf dem Umfang eines Taschenbuches läßt sich zwar keine ausführliche Gesamtdarstellung unterbringen. Die Autoren, die alle durch wissenschaftliche Einzelforschungen über das Thema ausgewiesen sind, fassen jedoch die seitherigen Ergebnisse der Forschung zusammen und werten veröffentlichte, bisher zu wenig benutzte Quellen aus. Die zentrale Frage lautet, welche Antwort Kirche und Katholizismus vor 40 und 50 Jahren auf die Herausforderung des Nationalsozialismus gegeben haben. Haben sie die Herrschaft des Nationalsozialismus ermöglicht? Haben sie gar mit ihm kollaboriert? Oder haben sie Widerstand geleistet? Wie haben sie auf die Judenverfolgung und den Völkermord reagiert?

Diese Fragen werden sowohl an das Verhalten des politischen Katholizismus, der kirchlichen Führung wie auch des Kirchenvolkes herangetragen, nicht beschränkt auf einzelne Zeitabschnitte, etwa auf das Jahr 1933, sondern durchgängig auf die ganzen zwölf Jahre des Regimes. Dabei war auch zu klären, welcher Begriff von Widerstand sinnvoll verwandt werden muß, damit eine angemessene historische Würdigung der aufgeworfenen Fragen überhaupt möglich ist.

Die Herausgeber hatten die Autoren gebeten, in allgemein verständlicher wissenschaftlicher Form ihr Thema zu behandeln. Allen sei für ihre bereitwillige Mitarbeit herzlich gedankt.

Bonn, im März 1980 Klaus Gotto – Konrad Repgen

Rudolf Morsey

Die katholische Volksminderheit und der Aufstieg des Nationalsozialismus 1930–1933

Kirche und Nationalsozialismus 1923–1930

Am Mittag des 30. Januar 1933 ernannte Reichspräsident v. Hindenburg den Führer der NSDAP, die im Reichstag die mit Abstand größte Fraktion bildete, Adolf Hitler, zum Kanzler eines Präsidialkabinetts. Es war die 21. Regierungsbildung seit dem 13. Februar 1919, an dem die erste Regierung der Weimarer Republik ihre Arbeit aufgenommen hatte. Nur wenige ahnten, daß damit die Republik, die von politischer Instabilität gekennzeichnet gewesen war, ihr vorzeitiges Ende gefunden hatte. Der Einzug Hitlers in die Reichskanzlei wurde von der NS-Propaganda zur „Machtergreifung" hochstilisiert und im Sinne einer Epochenwende als Beginn eines neuen, des „Dritten Reiches" verstanden.

Der völkische Nationalsozialismus hatte in seiner „Kampfzeit", die im kläglich gescheiterten Hitler-Putsch vom 9. November 1923 in München endete, im deutschen Katholizismus außerhalb Bayerns nur ein geringes Echo gefunden. Um so größer war das Erschrecken über den zunächst, Ende der zwanziger Jahre, wenig beachteten Wiederaufstieg der NSDAP. Sie schaffte in der Reichstagswahl vom 14. September 1930 in den mehrheitlich evangelisch besiedelten Gebieten des Reiches einen erdrutschartigen Durchbruch zur Massenpartei.

1923 wie 1930 bedurfte es spektakulärer äußerer Anlässe, um die Aufmerksamkeit der Repräsentanten von Kirche und politischem Katholizismus auf die braune Bewegung zu lenken und sich mit deren Programm und Lehre auseinanderzusetzen. Diese Partei war jahrelang außerhalb Bayerns nicht recht ernst genommen worden. Aus kirchlicher Sicht war es zunächst leicht, deren rassistische Ideologie, auch wenn sie durch ein völkisch interpretiertes

„positives Christentum“ kaschiert wurde, und den von seinen Agitatoren vertretenen Lebensraumimperialismus als widerchristlich und antikirchlich zu erkennen. Der Münchner Studentenseelsorger P. Erhard Schlund OFM entlarvte 1923 die Rassenlehre der NSDAP als „neugermanisches Heidentum“. Ähnlich bewertete der Fraktionsvorsitzende der Bayerischen Volkspartei im Landtag (und ab 1924 Ministerpräsident) Heinrich Held die Hitler-Bewegung als eine „große Bewegung des Abfalls vom katholischen Glauben“ [1].

Trotz solcher eindeutigen Einschätzungen fanden jedoch in einer Zeit größter wirtschaftlicher Not und seelischer Wirrnis, wie sie 1923 herrschte, die mit nationaler Phraseologie verschleierten Ideen der Anhänger Hitlers und Ludendorffs auch in katholischen Kreisen Bayerns Zulauf, oder richtiger: deren explizit politische Zielsetzungen. Diese richteten sich gegen die demokratisch-parlamentarische Verfassungsgrundlage und Verfassungswirklichkeit der krisengeschüttelten Republik von Weimar, der gegenüber auch der konservativ-agrarisch geprägte und weithin gefühlsmäßig monarchistisch bestimmte bayerische Katholizismus in Distanz verblieben war. Um so größer war hier das Erschrecken über konzentrische antikirchliche Aktionen militanter Rechtsgruppen im Winter 1923/24 in München und über den im Gefolge des Hitler-Ludendorff-Prozesses erreichten Erfolg des Völkischen Blocks bei den bayerischen Landtagswahlen vom April 1924.

Mit einer vom Frühjahr 1924 an beginnenden relativen politischen und wirtschaftlichen Stabilisierung der Republik und dem vorübergehenden Schwinden rechtsradikaler Aktivität gerieten auch deren Programme und Träger aus dem Blickwinkel kirchlicher Aufmerksamkeit. Allenfalls blieb noch der sektiererisch-neuheidnische Einzelgänger Ludendorff Objekt nachsichtigen Interesses. Bei den Reichstagswahlen vom Dezember 1924 erreichte die NSDAP nur 3,0 % aller abgegebenen gültigen Wählerstimmen, im Mai 1928 2,6 %.

1 Vgl. L. Volk, Der bayerische Episkopat, S. 17; E. Schlund OFM, Neugermanisches Heidentum im neuen Deutschland. München 1924.

Kundgebungen des Episkopats gegen den Nationalsozialismus 1930–1932

Mit einer rapiden Verschlechterung der Wirtschaftslage und in deren Gefolge zunehmender Verelendung und Massenarbeitslosigkeit beschleunigte sich die innere Abwendung größerer Volksschichten von der Instabilitäts-Republik. Sie kam radikalen „Bewegungen" zugute, weniger dem kommunistischen als vielmehr dem national verbrämten Sozialismus bzw. sozial getarnten Nationalismus, der seit 1930 durch Massenzulauf zu *dem* innenpolitischen Problem wurde. Das zeigte der Ausgang der – vom Zentrumskanzler Heinrich Brüning durch vorzeitige Auflösung des erst im Mai 1928 gewählten Reichstags möglich gewordenen – „Katastrophenwahl"[2] zum Reichsparlament am 14. September 1930: Die NSDAP konnte ihren Wähleranteil von 2,6 % auf 18,3 % (= 6,4 Millionen) und damit die Zahl ihrer Mandate von 12 auf 107 vervielfachen.

Die wenige Tage später, noch im Sog des Wahlerfolgs und völlig überflüssigerweise, Hitler gebotene Chance, vor dem Reichsgericht in Leipzig mit einem „Legalitätseid" allen seiner Partei unterstellten Putschplänen öffentlich entgegentreten zu können, trug dazu bei, die Gefährlichkeit der siegreichen NSDAP zu verschleiern. Auf den christlichen Volksteil blieb künftig nicht ohne Eindruck, daß die Führung der NSDAP als Verhandlungspartner von Brüning ernstgenommen und die ihrer Zielsetzung nach weiterhin auf Umsturz bedachte braune Bewegung nicht verboten wurde.

Bevor der Episkopat noch seine Haltung zur Lehre des Nationalsozialismus abklären konnte – die alljährlichen Treffen der getrennt tagenden Fuldaer und Freisinger Bischofskonferenzen hatten bereits stattgefunden –, sah er sich durch eine ungenügend bedachte diözesane Einzelentscheidung in die Defensive gedrängt. Diese Situation trug mit dazu bei, daß die unter Zugzwang begonnene Auseinandersetzung zwischen Kirche und Nationalso-

2 So der Herausgeber der „Allgemeinen Rundschau" in München, Georg Moenius, in seiner Zeitschrift 1930, S. 661.

zialismus nicht zu einer gemeinsamen Kundgebung des deutschen Episkopats bzw. seiner beiden Teilkonferenzen und zu einer einheitlichen Seelsorgspraxis führte. Eine unterschiedliche Handhabung der Cura animarum wurde von der NS-Propaganda geschickt ausgenutzt und schuf unnötige Unsicherheit im innerkirchlichen Bereich.

Die Auseinandersetzungen begannen unmittelbar nach den Septemberwahlen in der Diözese Mainz. Auf Anfrage eines Pfarrers ergingen Richtlinien des Generalvikars Philipp Jakob Mayer für das Verhalten gegenüber Nationalsozialisten. Sie ließen an Deutlichkeit nichts zu wünschen übrig: Aus dem Programm der NSDAP und den Verlautbarungen ihrer Führer wurde die Folgerung gezogen, kein Katholik dürfe Mitglied der Hitler-Partei sein, in uniformierten Gruppen an kirchlichen Veranstaltungen teilnehmen und zu den Sakramenten zugelassen werden[3].

Der rigorose Mainzer Vorstoß, von den Nationalsozialisten publik gemacht, stieß im Episkopat keineswegs auf Zustimmung, da er für eine Einzelfallprüfung keinen Raum ließ und zudem nur schwer realisierbar war. Er erschwerte ein einheitliches Vorgehen der Bischöfe, von denen manche eine autoritative Kundgebung so rasch nach der vom NS-Wahlerfolg ausgelösten nationalen Begeisterung für inopportun hielten. Auch erschwerte die begriffliche Unklarheit der NS-Doktrin eine unstrittige Einschätzung der Hitler-Bewegung, deren Führer sich in weltanschaulichen Fragen betont zurückhielt, während die Minderheit seiner katholischen Anhänger auf den Kampf ihrer Partei gegen den „gottlosen Marxismus und Bolschewismus" verwies. Einzelne Oberhirten hielten selbst das Tragen von Uniformen im Kirchenraum noch für tolerabel.

Da Kardinal Bertram innerhalb der Fuldaer Bischofskonferenz keine Mehrheit für eine gemeinsame Kundgebung fand, verurteilte er in einer eigenen Silvester-Botschaft 1930, allerdings in „bewußt undeutlicher Adressierung"[4], den extremen Nationalismus[5], ohne dabei den Nationalsozialismus oder auch kirchliche

3 Vgl. Ecclesiastica 10, 1930, S. 421 ff.

4 L. Volk, Der bayerische Episkopat, S. 27.

5 Text: B. Stasiewski, Bischöfliche Akten I, S. 800 ff.

Strafen für dessen Mitglieder zu erwähnen. Wesentlich konkreter für die Seelsorgspraxis waren pastorale Anweisungen für den Klerus, die die Freisinger Bischofskonferenz am 10. Februar 1931 veröffentlichte [6]. Deren Kernsatz war eine Warnung vor dem Nationalsozialismus, „solange und soweit er kulturpolitische Auffassungen kundgibt, die mit der katholischen Lehre nicht vereinbar sind".

Diese Einschränkung signalisierte weniger Kompromißmöglichkeit oder gar -bereitschaft[7], sondern entsprach vielmehr kirchlicher Tradition und ließ der unabdingbaren Einzelfallprüfung Raum. Sie bildete auch den Kern entsprechender Erklärungen, mit denen die Bischöfe der Kölner Kirchenprovinz am 5. März[8], die der Paderborner Kirchenprovinz am 10. März[9] und die der Freiburger Kirchenprovinz neun Tage später[10] den Nationalsozialismus verurteilten.

Mit der darin enthaltenen Unterscheidung in der Behandlung von Aktivisten und Mitläufern knüpften die Bischöfe an den Präzedenzfall von 1921 – Pastoralanweisungen gegenüber „glaubensfeindlichen Vereinigungen", die sich damals gegen Sozialismus und Kommunismus richteten – an[11]. 1931 allerdings wurde der Nationalsozialismus nicht ausdrücklich unter die glaubensfeindlichen Organisationen gerückt.

Da die gleiche behutsame Unterscheidung auch die Seelsorgsinstruktionen der Fuldaer Konferenz vom 5. August 1931 kennzeichnete [12], bestand die Gefahr, daß eine mit der „Komplexität des Gewissensurteils rechnende Moral" das Heer der Hitlergläubigen in „ebenso viel Einzelwesen zerfallen ließ, wie es Köpfe zählte" [13]. In der Tat wurden in der Seelsorgspraxis nach außen

6 Ebenda, S. 806ff.

7 So K. Scholder, Kirchen I, S. 169.

8 Text: B. Stasiewski, Bischöfliche Akten I, S. 814ff.

9 Ebenda, S. 818ff.

10 Ebenda, S. 824ff.

11 Vgl. W. Corsten, Sammlung kirchlicher Erlasse, Verordnungen und Bekanntmachungen für die Erzdiözese Köln. Köln 1929, S. 619ff.

12 Text: B. Stasiewski, Bischöfliche Akten I, S. 832ff.

13 L. Volk, Der bayerische Episkopat, S. 34.

hin sichtbare Kirchenstrafen kaum ausgesprochen, in Bayern z. B. in der Folge kein einziges kirchliches Begräbnis verweigert. Die Bischöfe machten sich keine Illusionen über die Wirkung ihrer Warnungen, die erfahrungsgemäß (nur) diejenigen Katholiken erreichten, die ohnehin treu zur Kirche standen und/oder aus eindeutig politischen Gründen den Nationalsozialismus ablehnten.

Einzelgängerische und entsprechend isolierte „braune Pfarrer" wie Philipp Haeuser aus der Diözese Augsburg und Wilhelm Maria Senn aus der Erzdiözese Freiburg – ihnen ist auch der heimatlose Abt Alban Schachleiter zuzurechnen – blieben ohne Zulauf und überregionale Beachtung. Hingegen setzte sich eine ganze Reihe von geistlichen Autoren mit NS-Theoretikern wie Alfred Rosenberg und Pamphletisten wie dem Nobelpreisträger für Physik Johannes Stark[14] literarisch auseinander: So Domdekan Anton Scharnagl (München), Stadtpfarrer Emil Muhler (München), Bischof Michael Buchberger (Regensburg), P. Erhard Schlund OFM (München), Georg Moenius (München), Professor Franz X. Eggersdorfer (Passau), Friedrich Muckermann SJ (Münster), Jakob Nötges S J (Valkenburg). Fritz Michael Gerlich und P. Ingbert Naab OFM Cap entwickelten in der von ihnen redigierten Wochenschrift „Der gerade Weg" in München prophetische Voraussicht in Vorhersage der späteren Wirklichkeit des Dritten Reiches[15].

In seiner ablehnenden Haltung gegenüber dem Nationalsozialismus wurde der Episkopat von der katholischen Presse und den katholischen Organisationen unterstützt. In der am 17. August 1932 von der Fuldaer Bischofskonferenz bekräftigten Ablehnung der „Irrlehre" des Nationalsozialismus[16] hieß es warnend, bei dessen Alleinherrschaft eröffneten sich für die kirchlichen Interessen die „dunkelsten Aussichten". Nur wenige Tage zuvor hatte

14 Nationalsozialismus und katholische Kirche. München 1931 (3 Auflagen).

15 Vgl. Prophetien wider das Dritte Reich. Aus den Schriften des Dr. Fritz Gerlich und des Paters Ingbert Naab OFM Cap, gesammelt von Johannes Steiner. München 1946.

16 Text: B. Stasiewski, Bischöfliche Akten I, S. 843 f.

sich die Gefahr einer solchen Alleinherrschaft verstärkt: Seit dem Ausgang der Reichstagswahl vom 31. Juli war die NSDAP mit 37,4 % aller abgegebenen gültigen Wählerstimmen die stärkste politische Kraft in Deutschland.

Zentrum und NSDAP

Die Deutsche Zentrumspartei als organisierte politische Vertretung der katholischen Volksminderheit außerhalb Bayerns (Stimmenanteil bei den Reichstagswahlen 1920: 13,6 %, 1930: 11,8 %) gehörte als Mitträger aller Reichsregierungen von 1919 an zu den Stützen der Republik. Allerdings wußte auch diese einzige Volkspartei ihrer Zeit kein Patentrezept gegen die strukturelle Dauerkrise des Weimarer Parlamentarismus, der seit 1920 von einer Mehrheit der Wähler abgelehnt wurde. Die von Reichskanzler Brüning seit Ende März 1930 praktizierte „reformierte", „autoritäre" Demokratie galt als Möglichkeit einer zeitgemäßen Lösung der Staats- und Verfassungskrise.
Der Aufstieg des Nationalsozialismus war im Zentrum mit Besorgnis registriert, die NSDAP jedoch zunächst nicht als staatsgefährdend angesehen worden. Erst nach deren überraschenden Erfolgen im Winter 1929/30 begann die Zentrumspartei eine systematische Auseinandersetzung mit Programm und Praxis des Nationalsozialismus. Dabei bereitete der offenkundige Zusammenhang von wirtschaftlicher Not und Radikalisierung besonders der Jugend ebenso Sorge wie die Erkenntnis, daß die NS-Ideologie „stimmungsmäßig" auch „vielen Katholiken" entgegenzukommen schien, weil diese – wie „Das Zentrum" im April 1930 schrieb – „symbolfähiger sind, den abstrakten, puritanischen Staat nicht lieben, weil sie mit der Idee der Hierarchie von der Kirche her vertraut sind; den Ruf nach Autorität, Disziplin, besonders in sittlicher Hinsicht für berechtigt halten und weil sie es schließlich gern hören, daß die ‚großen' nationalsozialistischen Führer Hitler, Strasser, Goebbels, Wagner, Katholiken sein sollen" [17].

17 Vgl. Das Zentrum, S. 234.

Auch nach Hitlers Wahlsieg vom September 1930 blieb – bei aller Würdigung des Kampfes der braunen Massenpartei gegen Liberalismus, Rationalismus, Skeptizismus und Materialismus – die unüberbrückbare Kluft zwischen ihr und dem Zentrum bestehen. Kirchenfreundliche Äußerungen einzelner NS-Agitatoren wurden als Beschwichtigungsformeln entlarvt und Forderungen Hitlers, die zwischen dem Hl. Stuhl und Mussolini 1929 zustande gekommene (und als kirchliche Anerkennung des Faschismus umgedeutete) Vertragslösung auch für Deutschland zu übernehmen[18], die „strukturellen Unterschiede“ der religiös-politischen Verhältnisse entgegengehalten. Die wenige Monate später erfolgte Ablehnung des preußischen Konkordats durch die Landtagsfraktion der NSDAP bestätigte die bisherige Einschätzung.

Wie sehr Kirche und politischer Katholizismus in der Beurteilung des Nationalsozialismus übereinstimmten, wurde auch darin deutlich, daß die Parteizeitschrift „Das Zentrum“ 1931 alle Kundgebungen der Bischöfe gegen den Nationalsozialismus nachdruckte. Unbequem für die Zentrumspartei, weil auch innerhalb der eigenen Reihen nicht unumstritten, blieb die NS-Agitation gegen die Dauerkoalition von SPD und Zentrum in Preußen und gegen die als Vermischung von Politik und Religion gebrandmarkte politische Betätigung von Geistlichen.

Trotz unveränderter Positionen kam es im Sommer 1932 zwischen Zentrum und NSDAP vorübergehend zu einer Annäherung, nachdem sich die politische Situation durch den Sturz von Reichskanzler Brüning verändert hatte. Aus der Empörung über dessen Nachfolger Franz v. Papen (seit 2. Juni 1932), den früheren Rechtsaußen im preußischen Zentrum, der als „Verräter“ galt, sowie als Konsequenz aus dem erwähnten Wahlsieg der NSDAP am 31. Juli gewannen Überlegungen die Oberhand, Papen mittels einer braun-schwarzen Koalition abzulösen und durch parlamentarische Mehrheitsbildung dahin zu gelangen, wieder verfassungsgemäße Zustände herzustellen. Die stärkste

18 Vgl. L. Siegele-Wenschkewitz, Nationalsozialismus und Kirche, S. 91f.

politische Kraft in Deutschland sollte gleichzeitig in der Regierungsverantwortung „gezähmt“ werden.
Die mit derart kalkuliertem Risiko begonnenen Verhandlungen im August und September 1932 wurden von der Bayerischen Volkspartei unterstützt, aber von vielen Zentrumsanhängern mit Skepsis betrachtet. Sie scheiterten rasch an unüberbrückbaren Gegensätzen[19]. Die im September erfolgte erneute Auflösung des Reichstags verschärfte die Staatskrise, auch wenn der Ausgang der Wahl vom 6. November eine Schwächung der Hitler-Bewegung bedeutete (Rückgang ihres Stimmenanteils auf 33,1 %; Zentrum: 11,9 %, BVP: 3,1 %). Die im Winter 1932/33 geltende Zielsetzung des Zentrums: Bildung einer „nationalen Sammlung“ als Voraussetzung für die Überwindung der Not, führte die Partei wenig später in eine Sackgasse. Eine solche „Not- und Arbeitsgemeinschaft“ kam nämlich am 30. Januar 1933 zustande, allerdings auf eine Art und Weise, durch die der politische Katholizismus von vornherein von einer Koalitionsbildung ausgeschlossen blieb.

Verhalten und Untergang des politischen Katholizismus 1933

Von der Betrauung Hitlers mit dem Reichskanzleramt wurde der politische Katholizismus überrascht und durch dessen falsche Begründung über angeblich mangelnde Bereitschaft des Zentrums zu Koalitionsverhandlungen auch noch düpiert. Als schuldig dafür galt Vizekanzler v. Papen. Ihn und den neu ins Kabinett gelangten DNVP-Vorsitzenden Alfred Hugenberg hielt man, wie in den meisten anderen politischen Lagern, so auch im katholischen Volksteil zunächst für weit gefährlicher als Hitler.
Die Abgeordneten des Zentrums sahen sich als Gefangene ihrer Sammlungsparole. Ihre Antwort auf die terroristischen und propagandistischen Begleiterscheinungen der zielbewußten nationalsozialistischen Machtbefestigung bildete ein betontes Herausstellen der eigenen „nationalen Arbeit“ in der Vergangenheit und ei-

19 Dazu R. Morsey, Untergang, S. 56 ff.

ne aktualisierte Umschreibung der zeitlosen eigenen Devise: „Für Wahrheit, Recht, Freiheit". Bei der Neuwahl des Reichstags am 5. März gelang es der Hitler-Bewegung, obwohl sie brutal alle staatlichen Machtmittel im Wahlkampf genutzt hatte, nur in den überwiegend katholisch besiedelten Gebieten nicht, eine Mehrheit der Wähler für sich zu gewinnen. Die Immunisierung der Zentrumsanhänger (11,2% Wähleranteil) ist um so höher zu veranschlagen, als sich darunter viele Angehörige des alten Mittelstands und Bauern befanden, die sonst eine besondere Anfälligkeit gegenüber den Parolen der NSDAP zeigten. Der Wähleranteil der BVP, die stärker konservativ-autoritären Traditionen verpflichtet war, sank von 3,1% auf 2,7% ab.

Trotz der von den Koalitionsparteien erzielten absoluten Parlamentsmehrheit und der durch eine Reihe von Notverordnungen (4. und 28. Februar sowie 21. März 1933) bereits fest etablierten Herrschaft forderte die Regierung vom Reichstag eine Ermächtigung zur alleinigen Gesetzgebung. Die Zentrumsabgeordneten, die zwischen Hoffnungen auf ein Auslaufen der revolutionären Welle und dem Funktionieren des Zähmungskonzepts schwankten, suchten den Umfang der Ermächtigung in Verhandlungen einzugrenzen. In der Tat machte daraufhin der Reichskanzler in seiner auf Verständigungsbereitschaft abgestellten Regierungserklärung am 23. März unerwartete Zusagen zur Sicherung verfassungsmäßiger Institutionen und Rechte, ergänzt durch kulturpolitische Zugeständnisse [20]. Das Gesamt dieser Konzessionen gab schließlich den Ausschlag dafür, daß alle Abgeordneten des Zentrums, ebenso wie die der Bayerischen Volkspartei, dem Gesetzentwurf zustimmten.

Angesichts der inzwischen bestehenden Machtverhältnisse war dieses alternativlose „Ja" ein verzweifelter und zudem, wie sich rasch herausstellte, vergeblicher nationaler Anpassungsversuch, der nur der Regierung eine ihr erwünschte zusätzliche parlamentarische Absicherung verschaffte. Diese Linie des Entgegenkommens wurde am 17. Mai fortgesetzt, wobei jetzt sogar die SPD-

20 Zusammengestellt und verglichen mit den Zentrumsforderungen bei R. Morsey, Ermächtigungsgesetz, S. 27ff.

Fraktion einer außenpolitischen Erklärung Hitlers zustimmte.

Der „Zentrumsturm" zeigte inzwischen ernste Risse. Innerhalb der Anhängerschaft dieser Partei, die wochenlang führer- und weisungslos war, ergriff Unsicherheit und Verwirrung Platz. Der Vorsitzende, Prälat Kaas, hielt sich seit dem 8. April in Rom auf und ließ nicht erkennen, daß er dort – in resignativer Beurteilung über jede Fortsetzung politischer Tätigkeit im Reich – an Geheimverhandlungen mitwirkte, die kurz darauf zum Abschluß eines Reichskonkordats führten. Sein Nachfolger im Vorsitz des Zentrums (seit 6. Mai), Exkanzler Brüning, konnte nur noch in hilfloser Untätigkeit, kompensiert durch organisatorischen Leerlauf unter Betonung des Führerprinzips, zusehen, wie die von der braunen Staatspartei forcierte Gleichschaltung fortschritt, ohne irgendwo auf Widerstand zu stoßen. Am 4. Juli 1933 mußte sich die BVP[21], einen Tag später das Zentrum als letzte der Weimarer Parteien selbst auflösen, um einem drohenden Verbot zuvorzukommen.

Die inzwischen durch Terror und Propaganda erreichte, pseudolegal abgestützte und durch Hindenburgs Autorität gedeckte Befestigung der NS-Diktatur hatte auch im politischen Katholizismus Spuren hinterlassen. In dessen lautlosem Untergang „unter den Stürmen einer neuen Zeit" – wie es in der Abschiedskundgebung der Reichsleitung des Zentrums hieß –, war nirgendwo der Wille zum Überleben sichtbar. Der Glaube an Hitler als Obrigkeit und Retter sowohl vor äußeren Gefahren (Bolschewismus) als auch vor terroristischem Fortgang der braunen Revolution war noch groß, die Brutalität der neuen Machthaber noch nicht als Wesensbestandteil ihrer Herrschaft wahrgenommen, die Hoffnung auf ein „Abwirtschaften" der Regierung und auf die Reichswehr als Eingreifreserve noch nicht aufgegeben.

Verleumdungen der Nationalsozialisten, wie die von der Mitschuld des Zentrums an 14 Jahren angeblicher „Schmach und Erniedrigung des deutschen Volkes", verunsicherten deren Anhänger allerdings weniger als brutale „Säuberungen" in Staat und Ge-

21 Vgl. K. Schönhoven, Zwischen Anpassung und Ausschaltung, S. 340ff.

sellschaft. Hatte ein bereits Ende März erfolgtes Abrücken der Kirche von ihrer früheren Frontstellung gegen den Nationalsozialismus (davon wird noch die Rede sein) den Abschied von der alten Fahne erleichtert, so schien der nur drei Tage nach dem Untergang des Zentrums erfolgte spektakuläre Abschluß eines Reichskonkordats eine neue Ära im Verhältnis zwischen Kirche und Staat einzuleiten und die bisherige Schutzfunktion katholischer Parteien überflüssig zu machen. Auch wenn dieser Vertrag keine Preisgabe der Zentrumspartei durch den Vatikan bedeutete, so wurde er von manchen ihrer Anhänger doch so empfunden.

Kirchlicher Positionswechsel: Vertrauensvorschuß gegenüber der neuen Obrigkeit

Nach der verfassungskonformen Kabinettsbildung vom 30. Januar 1933 befand sich der Episkopat wegen seiner Verurteilung der NS-Weltanschauung in einer schwierigen Situation. Der autoritäre Führer der NSDAP besaß als legaler Reichskanzler Anspruch auf staatsbürgerlichen Gehorsam. Die Position der Regierung wurde durch den Ausgang der neuen Reichstagswahl vom 5. März noch gestärkt, wobei das Wahlergebnis gleichzeitig deutlich machte, daß eine Eingliederung des katholischen Volksteils in den „neuen Staat", wie ihn vor allem Vizekanzler v. Papen anstrebte, im ersten Anlauf mißlungen war.

Noch am 18. März ging Kardinal Bertram in einem Gespräch mit v. Papen davon aus, es sei Sache der NSDAP, ihre Haltung zur Kirche zu revidieren. Das Unerwartete trat bereits fünf Tage später ein: Hitlers Regierungserklärung vom 23. März entkräftete wesentliche Besorgnisse des Episkopats[22]. Das geschah durch eine Reihe von Zusagen über die christentumsfreundliche Einstellung der Regierung und eine friedliche Ausgestaltung des Verhältnisses von Staat und Kirche bis hin zu der Absichtserklärung, die Beziehungen zum Hl. Stuhl auszugestalten. Als im Anschluß

22 Die einschlägigen Passagen seiner Rede sind zusammengestellt in der in Anm. 20 zitierten Dokumentation, S. 36ff.

an diese Erklärung auch die Abgeordneten der katholischen Parteien dem Ermächtigungsgesetz zugestimmt hatten, war eine neue Situation geschaffen und gleichzeitig die Kirche ihres bisherigen parlamentarischen Schutzes beraubt.
Das Dilemma der kirchlich gebundenen Katholiken zwischen Glaubenstreue und staatsbürgerlichem Gehorsam trat zutage. Der Seelsorgsklerus wurde noch stärker als schon vorher bedrängt, die kirchliche Verurteilung des Nationalsozialismus aufzuheben, die von verantwortlicher Mitarbeit im „neuen Staat" abhielt, der sich auch viele Katholiken vor allem aus Gründen der Existenzsicherung, aber auch aus Verblendung, glaubten nicht entziehen zu können.
Durch eine überstürzte Initiative von Kardinal Bertram erging bereits am 28. März eine – innerhalb des Episkopats nur ungenügend abgestimmte – Kundgebung der Fuldaer Bischofskonferenz, die die „Verurteilung bestimmter religiös-sittlicher Irrtümer" des Nationalsozialismus zwar nicht gänzlich aufhob, aber unter ausdrücklicher Bezugnahme auf die Zusagen des Reichskanzlers vom 23. März die bisherigen „allgemeinen Verbote und Warnungen" als nicht mehr notwendig bezeichnete [23]. Diese „Vertrauenserklärung", wie sie der Vorsitzende der Freisinger Bischofskonferenz Kardinal Faulhaber nannte, wurde vom Kirchenvolk, obwohl sie keine dogmatische Preisgabe der eigenen Lehre bedeutete, als kirchenpolitische „Entwarnung" teils begrüßt, teils, vor allem bei zentrumstreuen Katholiken, mit Unverständnis aufgenommen.
Der kirchliche Positionswechsel war *ein* Grund für ein verändertes Verhalten vieler Katholiken gegenüber dem Dritten Reich. Ein anderer Grund lag in der Besorgnis, im Zuge der von der „nationalen Revolution" ausgehenden Suggestion aus der – unter ganz anderen Vorzeichen erstrebten – Volksgemeinschaft ausgeschlossen und in eine Minderheitsposition abgedrängt zu werden. Schließlich schien der wenig später (und ebenfalls überraschend schnell) zustande gekommene Abschluß eines Reichskonkordats am 20. Juli, der seit 1920 von republikanischen Regierungen ver-

23 Text: B. Stasiewski, Bischöfliche Akten I, S. 30ff.

geblich erstrebt worden war, den Zielsetzungen einzelner Brükkenbauer zwischen Kirche und NS-Staat Recht zu geben.
Hitlers „Geniestreich" des Konkordats war nach der Selbstausschaltung des Reichstags im Ermächtigungsgesetz möglich geworden durch weitgehende Konzessionen der Reichsregierung (vor allem Bekenntnisschule und Garantie der katholischen Organisationen). Der für den Vertragsabschluß vom Kanzler geforderte und von der Kurie schließlich gezahlte Preis – das Verbot parteipolitischer Betätigung von Geistlichen nach dem Vorbild des italienischen Konkordats von 1929 – erwies sich für die Regierung als unverwertbares Zugeständnis; denn die damit erstrebte raschere Ausschaltung des politischen Katholizismus durch Rückzug der "Zentrumsprälaten" und „Zentrumskapläne" war inzwischen bereits infolge des staatlichen Drucks auf die Reste des parlamentarischen Systems durch Selbstauflösung des Zentrums und der BVP erreicht worden.
Das Verhalten des politischen Katholizismus in der Phase seiner Auflösung und das des Episkopats sowie des Vatikans im Frühsommer 1933 war nicht kausal miteinander verknüpft. Die unkoordinierte Verschränkung ihrer Aktionen kam der Hitler-Regierung entgegen und erleichterte dadurch die illusionäre Argumentation einzelner Autoren, die einen „katholischen Zugang zum Nationalsozialismus" (so Josef Lortz) entdeckten, ohne damit jedoch das Kirchenvolk in seiner Breite beeindrucken zu können.
Die katholische Volksminderheit, die weder den Aufstieg der NSDAP und 1933 deren „Machtergreifung" verursacht noch zum anschließenden Wahlsieg der NSDAP beigetragen hat, ist nicht mit „festem Schritt und Tritt" in das Dritte Reich hineinmarschiert; sie hat allerdings dessen Machtbefestigung auch nicht zusätzlich erschwert. Hingegen blieb der Katholizismus als Institution, als soziale Großgruppe mit dem Anspruch auf Autonomie, intakt und entzog sich dadurch als Ganzes, trotz Entzugs der katholischen Parteien, dem Vorgang der „Gleichschaltung", der 1933 die politische Szene beherrschte.

Rudolf Lill

Ideologie und Kirchenpolitik des Nationalsozialismus

Der neue Totalitätsanspruch

Die irrationale und insofern einer gefährlichen Neigung der Deutschen entgegenkommende Ideologie des Nationalsozialismus war nicht eigenständig.[1] Sie vermischte und radikalisierte vielmehr verschiedene, seit der zweiten Hälfte des 19. Jahrhunderts in Randgruppen der äußersten Rechten in Deutschland und Österreich aufgekommene Tendenzen: übersteigerter Nationalismus, völkisch-antisemitische Welt- und Geschichtsauffassung, Entwurf einer neuen, pseudoromantischen Gesellschaft, antiliberaler und antidemokratischer Führerkult, Absage an christliche (insbesondere katholische), humanistische und bürgerliche Traditionen.

Grundlage und Kern der NS-Ideologie, die erst in der tiefen Bewußtseinskrise nach der Niederlage von 1918 breitere Zustimmung fand, war der biologisch begriffene Rassismus samt seinen direkten Konsequenzen, welche später die Innen- sowie die Außenpolitik des Dritten Reiches geprägt haben: universeller Antisemitismus und Kampf um „Lebensraum".

Dieser Rassenantisemitismus unterschied sich grundsätzlich von den früheren, religiös oder sozial motivierten Antijudaismen, weil er im Gegensatz zu ihnen eine *unaufhebbare* Andersartigkeit und Minderwertigkeit der Juden behauptete. Kampf der Rassen ums Überleben, Macht und Gewalt wurden als bestimmende Kräfte des gesamten Geschichtsprozesses bezeichnet. Intransigenter, völkisch begründeter Kollektivismus verband sich mit pseudoab-

1 Vgl. zum folgenden F. Zipfel, Kirchenkampf, S. 1–24; L. Siegele-Wenschkewitz, Nationalsozialismus und Kirchen, passim, sowie die einschlägigen Abschnitte bei K. D. Erdmann, Zeit der Weltkriege (mit weiteren Literaturangaben).

solutistischem Führertum, nach der Machtergreifung auch mit dem in Deutschland seit langem stärker als anderswo artikulierten Willen zur Staatsomnipotenz. Sie war im Denken Hegels und in preußischen Staatstraditionen vorbereitet und vom Nationalliberalismus des 19. Jahrhunderts im sogenannten Kulturkampf besonders gegenüber der katholischen Kirche betont worden.

Im Nationalsozialismus wurden diese Begriffe nun zusätzlich mit Rassenideologie „aufgeladen". Von der Rasse der Arier (d. h. in engerem Sinne der Germanen) wurde behauptet, daß sie durch ihre kämpferischen, geistigen und technischen Leistungen als höchstwertig ausgewiesen sei und sich gegen andere, minderwertige Rassen durchsetzen müsse. Als hauptsächliche Gegner galten die slawische und noch mehr die semitische Rasse, welche angeblich die anderen Rassen, besonders die germanische, durch Infiltration zu zersetzen suche. Jede Rassenvermischung wurde kategorisch verworfen, die Säuberung des deutschen Volkes von allen „artfremden" und „rasseunwerten" Elementen gefordert; „völkische Überfremdung" und „Internationalismus" wurden als die Hauptgefahren bezeichnet, die der Nationalsozialismus vom deutschen Volk abzuwenden vorgab. Durch Kampf und auf Kosten von Slawen und Juden sollte für die germanische Rasse der „Lebensraum" im Osten gewonnen werden, den sie für ihr Wachstum und für ihre weltgeschichtliche Mission brauche.

Der Nationalsozialismus proklamierte die Lösung aller sozialen Probleme in nationaler Solidarität und machte sich, um die Arbeiterschaft zu gewinnen, viele sozialistische Postulate zu eigen. Dennoch erblickte er im Marxismus wie im Liberalismus im wesentlichen Instrumente semitisch-jüdischer Weltzersetzung. Auch das Christentum wurde wegen seiner jüdisch-alttestamentlichen Elemente mit Mißtrauen verfolgt. Das galt besonders für den Katholizismus, der zudem wegen seiner Ausrichtung nach Rom und überhaupt wegen seines Internationalismus als „undeutsch" diffamiert wurde. Den Protestantismus ließ man wegen seiner Abkehr von Rom immerhin als Vorstufe einer nationalen Erneuerung gelten. Tatsächlich haben sich denn auch Teile der evangelischen Kirchen, vor allem die „Deutschen Christen", mit dem Nationalsozialismus verständigt.

Die NS-Ideologie beanspruchte die totale Erfassung aller Deutschen und die „Gleichschaltung“ aller Lebensbereiche und gesellschaftlichen Organismen. Schon dieser Anspruch, der mit pseudoreligiöser Verbindlichkeit erhoben worden ist, bedeutete Kampf gegen das Christentum. Das von Hitler und Gottfried Feder verfaßte Parteiprogramm vom 24. Februar 1920 forderte in Punkt 24 „die Freiheit aller religiösen Bekenntnisse im Staat, soweit sie nicht dessen Bestand gefährden oder gegen die Sittlichkeits- und Moralgefühle der germanischen Rasse verstoßen ...“. Die Partei, die gleichzeitig ein vernebelndes und nie näher definiertes Bekenntnis zum „positiven Christentum“ ablegte, beanspruchte also schon damals die Umschreibung der Kirchenfreiheit und bestimmte zugleich den Maßstab dafür.
Die Wertsysteme von Nationalsozialismus und Katholizismus hatten nur insofern Gemeinsamkeiten, als beide Begriffe wie Staatstreue, Nation, Volksgemeinschaft und Solidarität betonten, die Kirche allerdings nur mit relativer, anderen sittlichen Werten und Normen untergeordneter Bedeutung.[2] Gemeinsam war beiden auch, mit freilich unterschiedlicher Begründung, die Frontstellung gegen Marxismus und Liberalismus. Unversöhnliche Gegensätze ergaben sich jedoch aus dem nationalsozialistischen Rassismus, der zentrale Postulate der katholischen Sittenlehre und des Naturrechts in seiner katholischen Interpretation negierte, wie aus dem Totalitätsanspruch der Partei, der für das katholischerseits stets geforderte selbständige Gegenüber von Kirche und Staat keinen Platz ließ.

Adolf Hitler war der Führer, Organisator und Ideologe des Nationalsozialismus, die Partei war sein Instrument zur Verbreitung der Ideologie wie zur Erfassung und Mobilisierung der Massen, bis 1933 auch zur Erringung der staatlichen Macht auf legalem Wege. Seit der zweiten Hälfte der zwanziger Jahre war die NSDAP ganz von Hitler und den von ihm eingesetzten und kon-

2 Vgl. K. Gotto, Katholische Kirche.

trollierten Unterführern abhängig, sie hat keine Eigenständigkeit mehr entwickelt.

Noch im Jahr der „Machtergreifung“ hat Hitler Deutschland zum Einparteienstaat umgeformt. Das Verhältnis von Partei und Staat wurde seitdem dadurch bestimmt, daß an der Spitze beider „der Führer und Reichskanzler“ stand und daß in zunehmendem Maße auch andere NS-Führer die entscheidenden staatlichen Machtpositionen besetzten. Nur anfänglich wurde noch zwischen Staat und Partei unterschieden, weil Hitler einerseits auf die Sachkompetenz der bisherigen Administration angewiesen war, und weil sich andererseits durch die Betonung der Staatskontinuität der Konsens der alten Eliten verbreitern und konsolidieren ließ. Durch die fortschreitende Durchsetzung der Beamtenschaft mit Parteigenossen und den auf die Beamten ausgeübten Druck zum Parteibeitritt wie erst recht durch die Schaffung neuer oberster Reichsbehörden, die sogleich mit Parteigenossen besetzt wurden (z. B. Reichskirchenministerium), wie schließlich auch durch die Übertragung staatlicher Kompetenzen auf Parteiorganisationen wurden aber die Grenzen von Partei und Staat mehr und mehr verwischt. Der totalitäre Anspruch des Nationalsozialismus, der in der Partei die Vertreterin des ganzen Volkes erblickte und den Staat im Sinne seiner Ideologie umzugestalten unternahm, ließ eine Scheidung prinzipiell nicht zu. Gerade die Kirche hat das in zunehmendem Maße erfahren müssen: Appelle an den Staat gingen ins Leere; ja der Staatsapparat wurde ebenfalls mehr und mehr zum Instrument der NS-Ideologie und damit auch ihrer kirchenpolitischen Vorstellungen, die konsequent auf die Zurückdrängung der Kirche aus der Gesellschaft ausgerichtet waren.

Gleichwohl hat es eine einheitliche und zentral gelenkte NS-Kirchenpolitik nicht gegeben.[3] Auch hier zeigte sich vielmehr das für den NS-Staat typische Kompetenzenchaos mit seinen teils unterschiedlichen, teils gegenläufigen Tendenzen. So standen radikalen Kirchenfeinden wie Alfred Rosenberg, Heinrich Himmler, Reinhard Heydrich und Martin Bormann eher gemäßigte, aber weit-

3 Vgl. J. S. Conway, Nationalsozialistische Kirchenpolitik, passim.

hin machtlose Kräfte wie etwa der Reichskirchenminister Hanns Kerrl gegenüber, während Hitler selbst, der letztlich stets den Ausschlag gab, in der Religionspolitik primär eine reine Macht- und Zweckmäßigkeitsfrage sah. Die unterschiedlichen Standpunkte in der Parteiführung haben dazu geführt, daß der Kirchenkampf regional und zeitlich in verschiedenen Phasen und unterschiedlicher Intensität verlief, die durch jeweils wechselnde personelle Verantwortlichkeiten und allgemeinpolitische Einflüsse mitbedingt waren.

NS-Kirchenpolitik vor 1933 und im Jahr der „Machtergreifung"

Nach dem Scheitern früher Putschpläne im November 1923 waren alle Überlegungen Hitlers auf das Ziel einer legalen „Machtübernahme" gerichtet. Kirchenpolitischen Fragen kam dabei nur untergeordnete Bedeutung zu. Sie interessierten Hitler, den „religiösen Nihilisten"[4] allenfalls, insoweit er in den Kirchen Hindernisse für den Machtanspruch seiner Partei sah. Das gilt für die katholische Kirche eher als für die evangelischen Landeskirchen, denn der katholische Episkopat hatte sich um die Jahreswende 1930/31 geschlossen gegen die NS-Weltanschauung gestellt und das Kirchenvolk eindringlich gewarnt.

Größeres Gewicht kam in Hitlers politischem Kalkül aber der Tatsache zu, daß der Katholizismus mit Zentrumspartei und Bayerischer Volkspartei über wichtige Kräfte im parlamentarischen Raum verfügte und der Nationalsozialismus im katholischen Wählervolk weit überwiegend auf Ablehnung stieß. Hitler mußte daher bestrebt sein, dieses Mißtrauen abzubauen. So sucht er allzu augenfällige rom- oder katholikenfeindliche Exzesse in seiner Bewegung zu unterdrücken.

Vor allem in den Lateranverträgen vom 11. Februar 1929 zwischen dem Heiligen Stuhl und dem faschistischen Italien eröffnete sich ihm eine Einigungsmöglichkeit mit der Kirchenführung, die gegebenenfalls auf die deutschen Verhältnisse übertragbar

4 So K. D. Erdmann, Zeit der Weltkriege, S. 434.

schien.[5] Er setzte deshalb auch nach der „Machtergreifung" seine Beschwichtigungs- und Verneblungstaktik fort, und in der Tat gelang es ihm, seine grundsätzlichen machtpolitischen Ziele lange geschickt zu verschleiern.

Zu den taktischen Kompromissen des Frühjahrs 1933 gehörten Hitlers Regierungserklärung vom 23. März mit ihren unerwarteten Zusicherungen an die Kirchen und die Konkordatsofferte, die er Mitte April im Vatikan unterbreiten ließ.[6] Dabei beabsichtigte er offenbar vor allem, mit Hilfe eines „Entpolitisierungsartikels" nach dem Vorbild des italienischen Konkordats den Geistlichen die Tätigkeit für politische Parteien unmöglich zu machen und damit das Zentrum und die Bayerische Volkspartei entscheidend zu schwächen; nach der unerwartet schnell erfolgenden (Selbst-)Auflösung dieser (wie der übrigen) Parteien hat sein Interesse am Konkordat deutlich nachgelassen. Es war wohl der außenpolitische Prestigegewinn, der ihn dazu bewog, die Verhandlungen dennoch zu Ende zu führen. Das am 20. Juli 1933 unterzeichnete Konkordat verbriefte die Unabhängigkeit der katholischen Kirche von der staatlichen Gewalt und garantierte Freiheiten, die dem Totalitätsanspruch des Nationalsozialismus diametral entgegenstanden.

Nach Monaten heftiger Gleichschaltungsbestrebungen schien die Kirche damit wichtige Bereiche ihres Wirkens dem Vereinnahmungsdrang der NS-Organisationen entzogen zu haben.

Der Kampf um die „Außenwerke" der Kirche 1933–1935

Der kirchenpolitische Friede, den das Konkordat zu begründen schien, ist jedoch bald gebrochen worden.[7] Schon im Herbst 1933 setzten die Angriffe der NS-Gliederungen wieder ein, und

5 Darauf hat erstmals L. Siegele-Wenschkewitz, Nationalsozialismus und Kirchen, S. 90ff., aufmerksam gemacht.
6 Ausführliche Darstellung bei L. Volk, Reichskonkordat.
7 Vgl. zum folgenden die Regionalstudien von W. J. Doetsch, Württembergs Katholiken; H. Engfer, Bistum Hildesheim; G. Reifferscheid, Bistum Ermland; U. v. Hehl, Erzbistum Köln.

sie wurden durch zahlreiche administrative Einschränkungsverfügungen, durch staatspolizeiliche Verbote und durch eine endlose Kette schikanöser Benachteiligungen flankiert. Der Offensivstoß der Partei richtete sich während der ersten Jahre der NS-Herrschaft vornehmlich gegen die „Außenwerke“ der Kirche, nämlich das weitverzweigte katholische Verbands- und Pressewesen. Kam dem Kampf gegen die katholische Presse vor allem Bedeutung wegen der angestrebten (und bald erreichten) Uniformierung der veröffentlichten Meinung zu, so wurden in den mitgliederstarken katholischen Jugend- und Standesverbänden vermeintliche Überreste des „politischen Katholizismus“ bekämpft. Während die Auseinandersetzungen 1934/35 an Heftigkeit zunahmen, und die kirchlichen Wirkungsmöglichkeiten schrittweise eingeengt wurden, behandelte man die bischöflichen Proteste bewußt ausweichend oder schleppend. Durch diese Doppelstrategie entnervenden Hinhaltens bei gleichzeitiger Schaffung vollendeter Tatsachen suchte man die äußeren Bollwerke der Kirche zum Einsturz zu bringen und die katholischen Vereinsmitglieder in die entsprechenden nationalsozialistischen Organisationen zu zwingen.[8]

In den Augen der Kirchenführung war aber noch beunruhigender, daß der Totalitätsanspruch der Partei sich bereits um die Jahreswende 1933/34 auch auf das weltanschauliche Gebiet zu erstrecken begann.[9] Die unter dem Schlagwort der „Entkonfessionalisierung des öffentlichen Lebens“ betriebene Zurückdrängung der Kirche(n) ging mit massiver antichristlicher Propaganda Hand in Hand, die sich nicht nur in der Parteipresse, sondern auch in zahllosen Schulungsveranstaltungen der NSDAP niederschlug. Daß mit Alfred Rosenberg am 24. Januar 1934 ausgerechnet einer der entschiedensten Kirchengegner zum obersten Erzieher der Partei in weltanschaulichen Fragen bestellt wurde, konnte daher im Episkopat nur als offene Kampfansage verstanden werden.

8 Einzelheiten bei B. Schellenberger, Katholische Jugend, sowie J. Aretz, Katholische Arbeiterbewegung.
9 Vgl. R. Baumgärtner, Weltanschauungskampf.

Nur vorübergehend ließ die Neuerrichtung eines Reichskirchenministeriums im Juli 1935 die Hoffnung auf eine Entspannung der kirchenpolitischen Lage aufkommen. Zwar ließ es der neue Minister Hanns Kerrl während einiger Monate nicht an Gesten des guten Willens fehlen, es wurde aber schon bald deutlich, daß er über keinen Rückhalt in der staatlichen Bürokratie, geschweige denn in der Parteihierarchie verfügte. Keine der inzwischen eingefahrenen antikirchlichen Kräfte dachte daran, sich ihr Konzept der „Gegnerbekämpfung" verwässern zu lassen, am wenigsten die SS- und Gestapo-Führung unter Himmler und Heydrich.[10] Vielmehr sprach es für ihre wachsende Machtfülle, daß der Kampf gegen die Kirche nun immer offener und unter ständigem Bruch einschlägiger Konkordatsbestimmungen geführt wurde. Dabei bemühte man sich nach dem Prinzip ‚Nicht Märtyrer, sondern Verbrecher', durch raffiniert inszenierte und propagandistisch maßlos aufgebauschte Devisen- und Sittlichkeitsprozesse den katholischen Klerus als korrupt und sittlich verkommen hinzustellen.[11] Vor allem das Frühjahr 1937 stand im Zeichen eines bis dahin beispiellosen Verleumdungsfeldzuges, der seinerseits wiederum die Antwort des Regimes auf den feierlichen Protest des Vatikans in der Enzyklika „Mit brennender Sorge" vom 14. März 1937 war.[12]

Allerdings sollte nicht nur ein Keil zwischen Klerus und Kirchenvolk getrieben werden, sondern die Partei suchte die Gelegenheit auch für weitere Ziele zu nutzen. Daher waren die Prozesse von massiven Kirchenaustrittskampagnen und einem heftigen Kampf gegen den kirchlichen Einfluß an den Schulen begleitet. Seit 1934/35 wurden die (katholischen) Bekenntnisschulen gebietsweise in nationalsozialistische Deutsche Schulen umgewandelt und die (kirchlichen) Privatschulen schrittweise abgebaut.[13] Program-

10 Vgl. L. Volk, Fuldaer Bischofskonferenz I, S. 57–61.
11 Ausführliche Darstellung bei H. G. Hockerts, Sittlichkeitsprozesse.
12 Vgl. H.-A. Raem, Pius XI. und der Nationalsozialismus, passim.
13 Vgl. R. Eilers, Nationalsozialistische Schulpolitik, passim.

matisch steht über dem Schulkampf Hitlers Wort, das Dritte Reich werde „seine Jugend niemandem geben, sondern sie selbst in seine Erziehung und in seine Bildung nehmen".[14] Jedenfalls war die Atmosphäre so unverhohlen feindselig, der Appell an die antiklerikalen Instinkte breiter Massen so offenkundig, daß der Berliner Bischof von Preysing am 30. November 1937 mit Recht öffentlich feststellen konnte: „Der gläubige Katholik steht in Deutschland unter Ausnahmerecht."[15]

Auf dem Weg zum Sakristeichristentum: Die Jahre 1938/39

Die beiden Jahre vor Kriegsbeginn sind die Zeit der großen außenpolitischen Erfolge Hitlers. Der „Anschluß" Österreichs im März 1938, die „Abtretung" des Sudetenlandes im Herbst des gleichen Jahres und schließlich im März 1939 der Einmarsch deutscher Truppen in die Tschechoslowakei ließen die kirchenpolitischen Verwicklungen ganz in den Hintergrund treten. Dennoch hielt der Druck unvermindert an, aber er kam nun, sieht man von der spektakulären Vertreibung des Bischofs Sproll von Rottenburg aus seiner Diözese ab,[16] auf leiseren Sohlen.

Eine Fülle einschneidender Verbote, darunter die Auflösung der wichtigsten kirchlichen Verbände und Organisationen, deutete darauf hin, daß SS und Gestapo die Initiative nun weitestgehend an sich gerissen hatten. Hitler selbst, dessen Haltung zu den Kirchen, besonders zur katholischen, von Indifferenz zu stets gesteigerter Feindseligkeit übergegangen ist, kümmerte sich kaum noch um die aus seiner Sicht gescheiterte Kirchenpolitik und überließ sie den Radikalen in seiner Partei. Ihr Zugriff sorgte dafür, daß Ende 1938 „die auf dem Wege von Verwaltungsanordnungen geführten Kämpfe um die Rechtsstellung der Kirche" nun im wesentlichen abgeschlossen waren und das „kirchliche Leben ... ganz auf den Kirchenraum beschränkt" war.[17]

14 Zitiert bei J. S. Conway, Nationalsozialistische Kirchenpolitik, S. 196.
15 Vgl. W. Adolph, Kardinal Preysing, S. 122.
16 Ausführliche Dokumentation bei P. Kopf/M. Miller, Vertreibung.
17 Vgl. F. Zipfel, Kirchenkampf, S. 213.

Zu Kriegsbeginn schien manches auf eine Art „Burgfrieden" hinzudeuten.[18] Hitler verbot für die Dauer des Krieges alle kirchenfeindlichen Maßnahmen. Der opportunistische Charakter dieser Weisung ist aber sogleich durchschaut worden, auch hat der „Burgfriede" praktisch nur bis zum Sieg über Frankreich im Sommer 1940 gegolten. Danach setzte unter dem Deckmantel „kriegsbedingter Notwendigkeiten" eine „Flurbereinigung" ein, die alles Frühere übertraf. Die ärgste Beeinträchtigung der Seelsorge war eine „Führerentscheidung" vom Oktober 1940, die nach nächtlichem Fliegeralarm – in den Ballungsräumen des katholischen Westens und Südwestens bald eine Selbstverständlichkeit – im Interesse der Ruhe der Bevölkerung Gottesdienste vor 10 Uhr morgens verbot. Gleichfalls unter Hinweis auf Erfordernisse des Krieges wurden 1940/41 Hunderte von Klöstern und kirchlichen Anstalten beschlagnahmt und enteignet, wurden Exerzitien, Prozessionen und Wallfahrten verboten, mußten sämtliche Kirchenzeitungen im Juni 1941 ihr Erscheinen einstellen. Ebenfalls 1941 wurden viele kirchliche Feiertage abgeschafft und die meisten konfessionellen Kindergärten geschlossen.
Diese Eskalation fiel zeitlich mit dem Beginn des Rußlandfeldzugs zusammen, der die Schlußphase des NS-Regimes eröffnet. Sie war durch eine weitere Ideologisierung aller dem Staat zugänglichen Lebensbereiche bestimmt. Folgerichtig mußte das Regime nun erst recht das seinen Zielen widersprechende Welt- und Menschenbild der Kirche bekämpfen und versuchen, möglichst viele Menschen kirchlichem Einfluß zu entziehen. Daher wurde den Heimatpfarrern jede Korrespondenz mit den Frontsoldaten untersagt, die an sich funktionierende Militärseelsorge aber nicht so ausgeweitet, wie es den Bedürfnissen der Massenheere entsprochen hätte.[19] Auch die Krankenhausseelsorge erfuhr Beschränkungen, und die Betreuung der „kinderlandverschickten"

18 Vgl. zum folgenden U. v. Hehl, Erzbistum Köln, S. 197–240.
19 Vgl. G. May, Militärseelsorge, und H. Misalla, Für Volk und Vaterland.

Tag von Potsdam, 21. März 1933

Wahlplakat der deutschen Zentrumspartei

Adolf Hitler und Alfred Rosenberg

Heinrich Himmler und Reinhard Heydrich

oder evakuierten Bevölkerung hatte mit größten Schwierigkeiten zu kämpfen.
Die Seelsorge für Kriegsgefangene war seit 1940 zumeist den ohnehin völlig überforderten Wehrmachtspfarrern übertragen; seit 1941 wurde sie mehr und mehr erschwert. Die größten, meist unüberwindlichen Hindernisse legte man jedoch der Betreuung der polnischen Zwangsarbeiter in den Weg. Die Gestapo verbot die Abnahme der Beichte, die Teilnahme an den deutschen Gottesdiensten, die Abhaltung eigener Gottesdienste in polnischer Sprache und die Benutzung polnischer Gebetbücher.

Die Endabrechnung mit den Kirchen

Von Adolf Hitler ist die Äußerung überliefert, daß taktische Friedensschlüsse mit der Kirche ihn nicht daran hindern würden, „mit Stumpf und Stiel, mit allen seinen Wurzeln und Fasern das Christentum in Deutschland auszurotten“.[20] Die Kriegslage, Rücksichten auf die Stimmung der Bevölkerung und die im „Altreich“ immer noch existierenden, wenngleich vielfach gebrochenen Fesseln des Reichskonkordats ließen es der NS-Führung jedoch für geraten erscheinen, die Schlußabrechnung mit den Kirchen auf die Zeit nach dem „Endsieg“ zu vertagen. Allerdings hat der Nationalsozialismus seine letzten kirchenpolitischen Ziele im besetzten Polen zumindest für einige Zeit verwirklichen können.[21] Experimentierfeld war der Reichsgau Wartheland unter Gauleiter Arthur Greiser. Hier verloren die Kirchen ihre öffentlich-rechtliche Stellung und wurden zu bloßen Vereinen degradiert, die in allem staatlicher Aufsicht und Einflußmöglichkeit unterstanden. Ebenso wurde die Trennung der Katholiken in eine deutsche und eine polnische Kirchenorganisation erzwungen und damit der universale Charakter des Katholizismus negiert. Bis auf wenige Ausnahmen waren die Kirchen und kirchlichen Gebäude

20 Vgl. Hermann Rauschning, Gespräche mit Hitler, Wien 1973, S. 50.
21 Vgl. B. Stasiewski, Kirchenpolitik im Warthegau, sowie zuletzt M. Clauss, Beziehungen des Vatikans zu Polen.

dem seelsorglichen Gebrauch entzogen, die Masse des Klerus war getötet, inhaftiert, vertrieben oder auf andere Weise an der Ausübung der Seelsorge gehindert. Es blieb gleichsam nur eine Katakombengemeinschaft, was auch für die Zukunft der Kirche im Reich selbst das Schlimmste befürchten ließ.

Dieter Albrecht

Der Hl. Stuhl und das Dritte Reich

Die Beziehungen des Papsttums zu Staaten und Regierungen resultieren aus der Tatsache, daß die universale Kirche, die sich über die Erde erstreckt, ihre reale Existenz innerhalb der vielen staatlich-politischen Einheiten findet, in die diese Erde aufgeteilt ist. Den primären Inhalt seiner Staatenbeziehungen bildet dementsprechend die Aufgabe und Sorge des Hl. Stuhles, den zahlreichen Regionalkirchen möglichst ungehinderte Existenz und möglichst breite Wirksamkeit zu sichern. Das Ergebnis solcher Bemühungen ist jedoch von dem Willen der Staaten und Regierungen abhängig, ihnen mehr oder weniger zu entsprechen, wobei die Willensbildung auf mannigfachen Faktoren beruht. Die Mittel und Möglichkeiten des Hl. Stuhles selbst, auf diese Willensbildung einzuwirken und positive Ergebnisse auf Dauer zu sichern, sind relativ begrenzt; nicht umsonst hat Stalin die rhetorische Frage gestellt: „Wieviele Divisionen hat der Papst?“ Im wesentlichen besitzt der Hl. Stuhl nur drei oder vier Instrumente, um in die Staaten hineinzuwirken: die moralische Autorität des Papsttums und das Interesse der Regierungen an kirchlicher Wirksamkeit in ihrem Herrschaftsbereich; die Existenz von politischen Parteien, die sich in ihren allgemeinen Zielsetzungen an christlichen Prinzipien orientieren; schließlich die vertragliche Absicherung der Existenz und Betätigung kirchlicher Institutionen und Organisationen im öffentlichen Bereich.
Nach der Machtübernahme Hitlers am 30. Januar 1933, der Reichstagsbrandverordnung vom 28. Februar und dem Ermächtigungsgesetz vom 24. März, darüber hinaus nach den langjährigen Erfahrungen mit dem italienischen Faschismus, war dem Hl. Stuhl bewußt, daß solche Möglichkeiten gegenüber einem nationalsozialistischen Deutschland entscheidend eingeengt waren: Von Anerkennung päpstlicher Autorität und positiver Einschätzung kirchlicher Wirksamkeit konnte bei dem nunmehr herr-

schenden Regime keine Rede sein; die Tendenz zu politischer Gleichschaltung und damit zur Unterdrückung und Beseitigung demokratischer Parteien war offensichtlich; darüber hinaus war zu befürchten, daß die NSDAP und ihre Gliederungen mit staatlichen Machtmitteln versuchen würden, auch eine weltanschauliche Gleichschaltung auf der Basis einer völkisch-rassistischen Ideologie und unter Eliminierung christlicher Normen und kirchlichen Einflusses durchzusetzen. Auf der anderen Seite waren Papst Pius XI. und Kardinalstaatssekretär Pacelli überzeugt, daß das nationalsozialistische Regime nicht nur eine kurzfristige Sache darstelle.

Das Reichskonkordat

Angesichts dieser Voraussetzungen entschloß sich der Hl. Stuhl, im April 1933 das deutsche Angebot zu Konkordatsverhandlungen aufzunehmen[1]. Nachdem dann in den folgenden Wochen der nationalsozialistische Terror sich nicht zuletzt gegen katholische Organisationen intensivierte, die sozialistischen Gewerkschaften am 2. Mai gleichgeschaltet wurden, die christlichen Gewerkschaften am 23. Juni, die SPD am 22. Juni verboten wurden und die Zentrumspartei sich unter schwerem Druck am 5. Juli auflöste, war der Vatikan bereit, auch von einem Teil der deutschen Bischöfe gedrängt, am 20. Juli 1933 das Reichskonkordat mit der Reichsregierung zu unterzeichnen. Es war Hitlers dritter internationaler Vertrag; voran gingen die Erneuerung des deutsch-sowjetischen Freundschaftsvertrages vom 5. Mai 1933 und der Viermächtepakt mit England, Frankreich und Italien vom 15. Juni. Hitler hatte die Konkordatsverhandlungen unter dem primären kurzfristig-taktischen Gesichtspunkt begonnen, durch einen „Entpolitisierungsartikel“, der Geistlichen künftig parteipoliti-

1 Vgl. L. Volk, Reichskonkordat, auch für das Folgende. Die wichtigsten Quellen finden sich bei: A. Kupper, Staatliche Akten über die Reichskonkordatsverhandlungen; L. Volk, Kirchliche Akten über die Reichskonkordatsverhandlungen.

sche Betätigung verbot, die Zentrumspartei entscheidend zu treffen. Jedoch war der entsprechende Artikel 32 des Reichskonkordats – im übrigen das einzige konkrete Zugeständnis von seiten der Kirche im Konkordat – angesichts der inzwischen erfolgten Beseitigung der Parteien bei Konkordatsabschluß nur noch von geringem Wert. Dies hat auch Hitler erkannt, der nunmehr Zweck und Wert des Vertrags mit Rom in der propagandistischen Wirkung auf das Ausland und die deutschen Katholiken gesehen hat. Tatsächlich ließen sich die auswärtigen Regierungen durch das Konkordat kaum über den terroristischen Charakter des neuen Regimes täuschen. Dagegen bedeutete das Konkordat ohne Zweifel einen Prestigegewinn Hitlers in den Augen mancher deutscher Katholiken – freilich nur kurzfristig, bis der politischen Gleichschaltung alsbald auch massive Konkordatsverletzungen entsprachen.

Die eigentliche Bedeutung des Reichskonkordats (und der dadurch bestätigten Länderkonkordate mit Bayern, Preußen und Baden) für die Kirche in Deutschland lag in seinen langfristigen Wirkungen; die Funktion des Konkordats als Verteidigungslinie, die von Anfang an angestrebt war und bis zum Ende des Regimes 1945 dauerte, ist uns heute ebenso deutlich wie einst den Zeitgenossen. Deswegen ist das Konkordat von Hitler alsbald auch als lästige Fessel empfunden worden. In einem System, in dem alle nichtnationalsozialistischen Organisationen und Institutionen entweder verboten oder gleichgeschaltet wurden und in dem die widerstrebenden Kräfte nur heimlich und unter größten Gefahren einen organisatorischen Zusammenhalt aufrechtzuerhalten oder wiederherzustellen vermochten, konnte die katholische Kirche in Deutschland als öffentliche Organisation durch das Konkordat „zunächst einmal bleiben, was sie auch vorher gewesen war“[2]. Indem das Konkordat „die Freiheit des Bekenntnisses und der öffentlichen Ausübung der katholischen Religion“ (Art. 1) feierlich gewährleistete, wurde die öffentliche kirchliche Verkündigung selbst in einem totalitären, speziell auf ideologische

2 Vgl. K. Repgen in H. Jedin, K. Repgen, Handbuch der Kirchengeschichte VII, hier S. 72.

Gleichschaltung ausgerichteten System garantiert: Durch Seelsorge in Gottesdienst, Predigt, Beichte, Religionsunterricht, Hirtenbrief, durch Presse und katholisch orientierte Organisationen für alle Altersstufen. Es berechtigte, neben der offiziellen nationalsozialistischen Weltanschauung eine andere, in zentralen Punkten – etwa der Rassenfrage – diametral entgegengesetzte Weltanschauung öffentlich zur Sprache zu bringen, wodurch implizit auch ein fortwährender Vergleich und ein Urteil über die andere Weltanschauung ermöglicht worden ist. So kennzeichnete im September 1933 der führende Schweizer evangelische Theologe Koechlin die Position der Kirche in Deutschland folgendermaßen: „Sie besteht auf ihren Prinzipien, die im Konkordat garantiert wurden. Den Priestern steht es frei, in ihren Kirchen alt und jung zu lehren, was *sie* wollen, ohne daß die Möglichkeit irgendwelcher weltlichen Einmischung bestünde.“[3]

Allerdings sind in den folgenden Jahren die vertraglich verbrieften Wirkungsmöglichkeiten der Kirche und der ihr nahestehenden Organisationen auf dem Wege der Umgehung, Aushöhlung und Verletzung des Konkordats kontinuierlich eingeengt worden, insbesondere durch die Knebelung und Beseitigung der katholischen Presse, die Beseitigung der Ordens- und Bekenntnisschulen und durch die Unterdrückung katholischer Organisationen. Aber nicht nur, daß diese Vorgänge infolge des Konkordats öffentlich als Vertragsbruch verurteilt werden konnten (was dem Regime vor allem aus außenpolitischen Gründen nicht gleichgültig war); vielmehr blieb die Substanz der Verkündigungsmöglichkeiten und ein zentraler Freiraum der Nichtanpassung erhalten. Ideologische Nichtanpassung aber war die eigentliche Widerstandswaffe der Unbewaffneten, der Christen wie auch der Sozialisten, gegenüber einem Regime, das mit der Gleichschaltung der Kommunikationsmittel, mit Propaganda, Schulung und Bespitzelung ideologische Uniformität als Voraussetzung politischer Geschlossenheit und beliebiger Verfügbarkeit und Manipulierbarkeit herzustellen suchte. Die Wirkungen solcher Inseln der ideologischen Nichtanpassung, welche die angestrebte Totalität

3 Vgl. A. Lindt, Koechlin, S. 47.

durchlöcherte, sind nicht im einzelnen meßbar. Aber die Gläubigen wußten, von den Nationalsozialisten ganz abgesehen, was es etwa bedeutete, wenn im Religionsunterricht oder auf der Kanzel vom Gott Abrahams, Isaaks und Jakobs die Rede war, während draußen auf der Straße in den Schaukästen des „Stürmer" das Judentum in den Schmutz gezogen wurde.

Der Notenwechsel Pacellis mit der Reichsregierung

Die Jahre seit dem Abschluß des Reichskonkordats sind gekennzeichnet durch intensive Bemühungen des Vatikans, die Einhaltung der Konkordatsbestimmungen durch Staat und Partei in Deutschland durchzusetzen. Dabei ging es nicht nur um die Unverletztheit der Institutionen und ihrer Wirkungsmöglichkeiten, sondern zugleich um die Zurückdrängung eines antichristlichen, völkisch-rassistischen Neuheidentums, mit dessen Propagierung Kirche und Kirchenvolk zunehmend konfrontiert wurden. Die Verteidigung des Christlichen verband sich also mit der Abwehr nationalsozialistischer Weltanschauung. Es läßt sich heute bis ins Detail belegen, auf welchen Wegen und mit welchen Argumenten diese Auseinandersetzung vom Hl. Stuhl geführt worden ist. Ein erstes Instrument war der umfangreiche Notenwechsel, den Kardinalstaatssekretär Pacelli über Jahre hinweg mit der Reichsregierung geführt hat[4]. Wenn Pacelli dabei immer wieder die brutale Diskrepanz zwischen konkordatsgemäßem Recht und konkordatswidriger Wirklichkeit zum Ausdruck brachte, so schritt er schließlich auch darüber hinaus zur Anklage gegen die Gewaltherrschaft an sich: „Der Heilige Stuhl weiß, in welchem Maße heute in Deutschland die Freiheit der Entschließungen eingeschränkt ist durch den Druck, der vom Wirtschaftlichen und von der Sorge um die nackte Existenz her auf Beamten, Angestellten, Arbeitern, Gelehrten, ja selbst in früher freien Berufen auf fast allen Staatsbürgern lastet. Ungezählte derjenigen, mit deren ‚freiwilliger' Zustimmung zur Entkonfessionalisierung die Reichsre-

4 Vgl. D. Albrecht, Notenwechsel, 3 Bde.

gierung in einem diplomatischen Promemoria argumentiert, können ohne Gefährdung ihrer Existenz nicht öffentlich gegen diese Ausdeutung der Vorgänge protestieren, sonst wäre der Massenprotest sicher."[5] Und mit Schärfe wurde das zentrale Prinzip der nationalsozialistischen Weltanschauung zurückgewiesen: „Menschliche Norm ist undenkbar ohne Verankerung im Göttlichen. Diese letzte Verankerung kann nicht liegen in einem gewillkürten ‚Göttlichen' der Rasse. Nicht in der Verabsolutierung der Nation. Ein solcher ‚Gott' des Blutes und der Rasse wäre nichts weiter als das selbstgeschaffene Widerbild eigener Beschränktheit und Enge. Die Kirche weiß [...], daß die Verabsolutierung des Rassegedankens und vor allem seine Proklamation als Religionsersatz ein Irrweg ist, dessen Unheilsfrüchte nicht auf sich warten lassen."[6] Es entsprach dieser Auseinandersetzung mit der nationalsozialistischen Weltanschauung, daß der Hl. Stuhl die Schriften des nationalsozialistischen Chefideologen Alfred Rosenberg sofort auf den Index setzte, als dieser von Hitler im Januar 1934 zum Beauftragten für die Überwachung der gesamten geistigen und weltanschaulichen Schulung und Erziehung der NSDAP ernannt worden war und somit seine Arbeiten nicht mehr als diejenigen eines Privatmannes bezeichnet werden konnten[7]. Auf dieser Linie lag es auch, daß die Vatikanische Studienkongregation, veranlaßt durch die nationalsozialistische Propaganda innerhalb und außerhalb Deutschlands, im April 1938 alle katholischen Universitäten und Fakultäten der Welt ausdrücklich und mit Beispielen anwies, an der Zerstörung der pseudowissenschaftlichen und pseudohistorischen Theorien mitzuarbeiten, welche die Basis für Rassismus, Nazismus und Totalitarismus bildeten[8].

5 Vgl. D. Albrecht Notenwechsel I, S. 150.
6 Vgl. ebenda, S. 146f.
7 Vgl. R. Baumgärtner, Weltanschauungskampf, S. 190.
8 Vgl. P. Blet, R. A. Graham, A. Martini, B. Schneider, Actes et Documents VI, S. 529ff.

Die Nuntiatur in Berlin

Eine wichtige Funktion in den Beziehungen des Hl. Stuhles zu Deutschland besaß die Nuntiatur in Berlin, die bis 1945 existierte. Es hat Stimmen gegeben, auch im deutschen Episkopat, welche dafür plädierten, angesichts der Kirchen- und Judenverfolgung die Nuntiatur aufzuheben. Jedoch hat der praktische Nutzen ihres Fortbestandes den (bestenfalls kurzfristigen) moralischen und propagandistischen Effekt ihrer Aufhebung zweifellos überwogen, jedenfalls im Erfahrungshorizont der Jahre vor 1945. Nicht zuletzt ist dadurch eine Nachrichten- und Postzentrale für den deutschen Episkopat und später für die deutschbesetzten Gebiete Europas erhalten geblieben, die gerade in der rigorosen Abschließungs- und Kontrollsituation während des Krieges unersetzlich war. Vor allem aber war es die Aufgabe des Nuntius, Wünsche, Forderungen und Beschwerden des Vatikans der Reichsregierung vorzutragen. In vielen hundert persönlichen und schriftlichen Interventionen, Noten und Memoranden ist der Nuntius Cesare Orsenigo dieser undankbaren Aufgabe über die Jahre nachgekommen[9], und wenn man sich hierfür auch eine kraftvollere und entschiedenere Persönlichkeit hätte wünschen können, so ist doch deutlich, daß auch eine solche kaum mehr erreicht hätte, weil die Gegensätze prinzipieller Natur gewesen sind.

Schließlich sind auch noch der „Osservatore Romano" und der Vatikansender als Sprachrohre des Hl. Stuhles zu nennen. Beide Medien haben in Berichten und Kommentaren fortlaufend zu den Zuständen und Entwicklungen im nationalsozialistischen Deutschland Stellung genommen, vornehmlich zum Kirchenkampf, aber nicht nur zu diesem. Insbesondere der „Osservatore Romano" hat Neuheidentum und Rassismus immer wieder einer ätzenden Kritik unterzogen, wodurch immer neue Proteste der deutschen Vatikanbotschaft hervorgerufen worden sind[10].

9 Gedruckt in D. Albrecht, Notenwechsel III.

10 Zahlreiche Belege in P. Blet, R. A. Graham, A. Martini, B. Schneider, Actes et Documents und D. Albrecht, Notenwechsel III.

Die Enzyklika „Mit brennender Sorge"

Das bekannteste päpstliche Dokument im Kirchenkampf mit Hitler ist die Enzyklika Pius' XI. „Mit brennender Sorge" vom 14. März 1937 geworden, die am 21. März (Palmsonntag) in den katholischen Kirchen Deutschlands verlesen und zugleich in hoher Auflage gedruckt worden ist. Von den deutschen Bischöfen angeregt, auf einem Entwurf Kardinal Faulhabers basierend, entstammte der endgültige Text der Feder des Kardinalstaatssekretärs Pacelli[11]. Die in drei Teile gegliederte, scharf formulierende Enzyklika verstand sich als „ein Wort der Wahrheit und der seelischen Stärkung". Zur Steuerung der Wahrheit wurde die deutsche und die Weltöffentlichkeit über die politischen Ursachen und Ziele des Kirchenkampfes informiert. Der „Anschauungsunterricht der vergangenen Jahre" enthülle „Machenschaften, die von Anfang an kein anderes Ziel kannten als den Vernichtungskampf". Im Dienste der Wahrheit wurde die Unvereinbarkeit zwischen katholischer Glaubenslehre und nationalsozialistischer Weltanschauung an zentralen Punkten herausgearbeitet: „Wer die Rasse, oder das Volk, oder den Staat, oder die Staatsform, die Träger der Staatsgewalt oder andere Grundwerte menschlicher Gemeinschaftsgestaltung – die innerhalb der irdischen Ordnung einen wesentlichen und ehrengebietenden Platz behaupten – aus dieser ihrer irdischen Wertskala herauslöst, sie zur höchsten Norm aller, auch der religiösen Werte macht und sie mit Götzenkult vergöttert, der verkehrt und fälscht die gottgeschaffene und gottbefohlene Ordnung der Dinge." Unter Kritik des nationalsozialistischen Grundsatzes „Recht ist, was dem Volke nützt" wurde eingeschärft, „daß der Mensch als Persönlichkeit gottgegebene Rechte besitzt, die jedem auf ihre Leugnung, Aufhebung oder Brachlegung abzielenden Eingriff von seiten der Gemeinschaft entzogen bleiben müssen." Zur seelischen Stärkung schließlich wurden die Priester, Ordensleute und Laien in Deutschland ermutigt, in ihrer Selbstbehauptung nicht nachzulassen; die Kirche

11 Druck des Textes mit Entwurf Faulhabers: D. Albrecht, Notenwechsel I, S. 402ff.

werde auch weiterhin ihre Rechte und Freiheiten verteidigen, „im Namen des Allmächtigen, dessen Arm auch heute nicht verkürzt ist".

Die scharfe Anklage und Analyse der Enzyklika hat im gleichgeschalteten Deutschland und in der Weltöffentlichkeit größtes Aufsehen erregt; sie hat wütende diplomatische Proteste der Reichsregierung und eine massive antikirchliche Propagandakampagne hervorgerufen; vor allem hat sie die Gläubigen in ihrem Selbstverständnis bestärkt und ihnen Weg und Richtung bezeichnet. Eine Abschwächung des Kirchenkampfes hat die Enzyklika freilich nicht bewirkt, und die Politik der europäischen Mächte gegenüber dem Dritten Reich ist, wie die Appeasementpolitik erwies, durch sie ebensowenig beeindruckt worden, wie vier Jahre zuvor durch das Reichskonkordat.

Die neuen Reichsgebiete

Die mit dem Anschluß Österreichs im März 1938 beginnende deutsche territoriale Expansion brachte insofern einen weiteren Schwerpunkt in die Thematik der deutsch-vatikanischen Beziehungen, als von nationalsozialistischer Seite begonnen wurde, in den neuen Reichsgebieten, die in mancher Hinsicht als Erprobungsfeld neuer Formen galten, die Kirche ohne die Fessel des Reichskonkordats auf den Status eines privaten Vereins herabzudrücken, mit allen Folgen, die sich hieraus ergeben mußten[12]. Es ging um die Ersetzung der Kirchensteuern in Österreich und dem Sudetenland durch sog. Kirchenbeiträge, um die rigorosere Handhabung staatlicher Kirchenkontrolle, schließlich auch um Beschlagnahmungen kirchlichen Eigentums, wie sie in diesem Umfang im Altreich noch nicht gewagt worden waren. Die Welle der mit diffamierenden Methoden vorgenommenen Klosterbeschlagnahmungen und -enteignungen seit den ersten Kriegsmonaten bis zum Höhepunkt im Jahre 1941 erstreckte sich aber dann auf alle Teile des Reiches. Die fortlaufenden Bemühungen des Hl.

12 Zahlreiche Belege in D. Albrecht, Notenwechsel II und III.

Stuhls hiergegen über die Berliner Nuntiatur sowie beim Vatikanbesuch des Reichsaußenministers Ribbentrop im März 1940 blieben praktisch ohne jede Wirkung; auch der vom Nuntius gesuchte Kontakt mit dem Reichsführer SS Himmler kam nicht zustande.

Humanitäre Aktionen

Keine oder nahezu keine Erfolge erzielte der Hl. Stuhl auch bei seinen jahrelangen intensiven Bemühungen seit Beginn des Zweiten Weltkrieges, die Reichsregierung zur Zusammenarbeit bei der Linderung der Kriegsleiden zu bewegen. Die Deutschen fanden sich nicht bereit, mit dem Vatikanischen Informationsdienst in Kriegsgefangenenfragen zusammenzuarbeiten; die religiöse Betreuung des Millionenheeres der Fremdarbeiter in Deutschland kam nur in engsten Grenzen zustande; die fortgesetzten Interventionen des Nuntius für Inhaftierte und zum Tode Verurteilte in deutschen Besatzungsgebieten, insbesondere in Polen, Belgien und Frankreich, wurden nur mit Zurückhaltung aufgenommen; seine Fürsprache für verfolgte Juden[13] stieß auf eine Mauer des Schweigens und der Zurückweisung.

Der Hl. Stuhl und Polen

Im Zentrum der auf die deutsche Regierung zielenden Einwirkungen des Vatikans während des Zweiten Weltkriegs stand das Schicksal der Kirche im deutschbesetzten Polen, d. h. in den sog. Eingegliederten Ostgebieten, vor allem den Reichsgauen Danzig-Westpreußen und Wartheland, und dem Generalgouvernement[14]. Bereits in seiner ersten Enzyklika „Summi Pontificatus"

13 Belege in P. Blet, R. A. Graham, A. Martini, B. Schneider, Actes et Documents VI, VIII, IX und X sowie D. Albrecht, Notenwechsel III.

14 Vgl. P. Blet, R. A. Graham, A. Martini, B. Schneider, Actes et Documents III/1 und III/2; D. Albrecht, Notenwechsel II und III; M. Clauss, Beziehungen des Vatikans.

vom Oktober 1939 hatte Papst Pius XII. vom Recht des polnischen Volkes „auf das menschlich-brüderliche Mitgefühl der Welt“ gesprochen und seine „Auferstehung nach den Grundsätzen der Gerechtigkeit und eines wahren Friedens“ gefordert; der SS-Gruppenführer Heydrich hatte die Enzyklika als „eine eindeutige Anklage gegen Deutschland“ bezeichnet. In der Folge hat sich der Hl. Stuhl bis zum Ende des Krieges auf verschiedensten, freilich durch die Abschließungssituation des Krieges nur mühsam zu öffnenden und offenzuhaltenden Wegen um eine Linderung des polnischen Schicksals bemüht und vor allem durch die Berliner Nuntiatur auf die deutsche Regierung einzuwirken versucht. Es ging um das Schicksal der z. T. geflüchteten, z. T. vertriebenen oder inhaftierten polnischen Bischöfe, um die vielen in Konzentrationslager verbrachten polnischen Priester, um die rigorose Beschränkung der Seelsorge vor allem im Warthegau, um den Versuch, den inhaftierten polnischen Priestern die Freilassung nach Südamerika zu erwirken, um päpstliche karitative Hilfe für die polnische Bevölkerung, um die religiöse Betreuung der polnischen Zivilarbeiter im Reich, und nicht zuletzt ging es einfach um den direkten Kontakt mit den polnischen Katholiken zur Information als Voraussetzung jeder positiven Einflußnahme auf ihr Schicksal. Jedoch wurden auf Befehl Hitlers seit Juni 1942 die diplomatisch-politischen Beziehungen des deutschen Reiches mit dem Hl. Stuhl auf das Gebiet des Altreichs im Umfang von 1933 beschränkt, da der Hl. Stuhl seinerseits die deutschen Annexionen nicht als definitiv anerkannte [15]. Damit waren weite Teile Europas weiterer Einwirkung des Vatikans entzogen, nämlich die ausgedehnten, seit Kriegsbeginn von Deutschland annektierten oder besetzten Gebiete, ebenso aber auch das Saargebiet, Österreich, das Sudetenland, das Protektorat Böhmen und Mähren sowie das Memelgebiet. Die Reichsregierung weigerte sich also künftig von vornherein, Themen, die diese Gebiete und ihre Bewohner betrafen, mit dem Vatikan oder seinen Vertretern zu erörtern, geschweige Wünschen oder Forderungen des Vatikans bezüglich dieser Gebiete nachzukommen.

15 Vgl. D. Albrecht in D. Albrecht, Katholische Kirche, S. 128–170.

Papst Pius XII. hat im Zweiten Weltkrieg zwischen politischer und moralischer Neutralität des Hl. Stuhles gegenüber Kriegführenden und Kriegsereignissen unterschieden. Wenn er moralische Neutralität im Sinne passiver Gleichgültigkeit nicht als seine Sache ansah, so jedoch politische Neutralität und damit Unparteilichkeit im völkerrechtlichen Sinne; sie verpflichtete ihn zur Gleichheit der Behandlung aller an einem militärischen Konflikt beteiligten Staaten ohne Rücksicht auf die rechtlich-moralische Bewertung eines der Kriegführenden als Aggressor. Pius XII. hat diese Unparteilichkeit in seinen öffentlichen Erklärungen und Handlungen aufs Strikteste eingehalten. „Auf keine militärische Aggression von seiten der Achsenmächte und der Sowjetunion und auf keinen Völkerrechtsbruch der Anglo-Amerikaner folgte unmittelbar eine öffentliche Verurteilung durch den Papst, die nach ihrer Form seine neutrale Stellung über den Parteien hätte flagrant kompromittieren können."[16]

Ausnahmen bildeten die Telegramme an die Monarchen Belgiens, der Niederlande und Luxemburgs, in denen er die Invasion der deutschen Truppen im Mai 1940 unzweideutig als unprovoziert und widerrechtlich kennzeichnete sowie die Polen betreffenden Passagen in der Enzyklika „Summi Pontificatus" (20. Oktober 1939) und vor allem in der Allokution vom 2. Juni 1943. Trotz wiederholten Drängens der Westmächte sprach der Papst keine öffentliche Billigung des Kampfes der westlichen Demokratien gegen die Achsenmächte aus. Es findet sich aber auch keine offizielle vatikanische Äußerung, die den deutschen Überfall auf die Sowjetunion als Kreuzzug gegen den Bolschewismus gerechtfertigt hätte, obwohl letzterer vom Papst als mindestens ebenso gefährliche Bedrohung Europas wie der Nationalsozialismus eingeschätzt wurde. Diese Unparteilichkeit des Hl. Stuhls war gefordert durch die Neutralitätsverpflich-

16 Vgl. J. Becker in D. Albrecht, Katholische Kirche, hier S. 174; K. Repgen in H. Jedin, K. Repgen, Handbuch der Kirchengeschichte VII, S. 81ff.

tung des Lateranvertrags (1929), durch die vom ersten Vatikanischen Konzil 1871 formulierte primäre Verpflichtung des Papstes, die Einheit der Kirche über alle nationalen Zerklüftungen und Gegensätze hinweg zu wahren, und durch die besondere Zielsetzung Pius' XII., den Hl. Stuhl zu humanitärer Aktion und zur Vermittlung eines Friedens zu befähigen, welcher eine Wiederholung der weltpolitischen Entwicklungen der Jahre 1919–1939 ausschloß.

Dem Prinzip öffentlicher Unparteilichkeit gegenüber den Kriegführenden entsprach jedoch nicht ein gleiches Prinzip in den nichtöffentlichen Äußerungen und Handlungen des Papstes. Hier neigte Pius XII. eindeutig (ohne sich freilich in allen Punkten zu identifizieren) *einer* Seite zu, aber nicht orientiert an der Trennungslinie der Kriegsfronten, sondern an derjenigen zwischen totalitären und demokratisch-rechtsstaatlichen Mächten. So hat Pius XII. im Winter 1939/40 in ungewöhnlicher Risikobereitschaft zwischen der deutschen Militäropposition und der britischen Regierung vermittelt, um wesentliche politische Voraussetzungen für die Ausschaltung Hitlers zu schaffen[17]; auch 1944 hatte er noch Kontakte mit diesem Teil des deutschen Widerstands. So hat der Papst im September 1941 nach dem deutschen Überfall auf die Sowjetunion der Kommunismus-Enzyklika Pius' XI. „Divini Redemptoris" eine theologisch nicht unproblematische Interpretation gegeben, um im Interesse und auf Bitten Präsident Roosevelts Gewissensbedenken der nordamerikanischen Katholiken gegen die Unterstützung der Sowjetunion zu überwinden[18]. So hat der Papst schließlich in wiederholten Initiativen vom Frühjahr 1939 bis Kriegsende versucht, zunächst in Zusammenarbeit mit England den Krieg zu verhindern, dann in Zusammenarbeit mit den USA Italien aus dem Krieg herauszuhalten und endlich auf eine Friedensregelung hinzuarbeiten, welche allen demokratischen Staaten, auch einem nichtfaschistischen Italien und einem vom Nationalsozialismus befreiten Deutschland,

17 Vgl. H. C. Deutsch, Verschwörung gegen den Krieg.

18 Vgl. P. Blet, R. A. Graham, A. Martini, B. Schneider, Actes et Documents V, S. 202ff. und S. 208f., 215ff., 240f.

zugute kam[19]. Letztes Ziel dieser vatikanischen Politik war die Abgrenzung und Festigung Europas gegenüber dem Totalitarismus jeglicher Spielart. Aber wie schon in der Schärfe des Kirchenkampfes, so fehlten dem Hl. Stuhl auch gegenüber der Hektik des totalen Krieges die realen Mittel, seine Zielsetzungen nicht nur auszusprechen, sondern sie auch zu verwirklichen. Es war und ist das Dilemma des Papsttums in der modernen Welt überhaupt, das in dieser extremen Situation besonders deutlich zum Ausdruck kam.

19 Vgl. J. Becker in D. Albrecht, Katholische Kirche, S. 179ff.; K. Repgen in H. Jedin, K. Repgen, Handbuch der Kirchengeschichte VII, S. 84ff.

Ludwig Volk
Der deutsche Episkopat

Absage an den Nationalsozialismus

An dem Wendepunkt, den der 30. Januar 1933 mit der Berufung Hitlers zum Reichskanzler markierte, standen die deutschen Bischöfe zur NSDAP in erklärtem Gegensatz. Ihr Nein zur Hitlerbewegung im Frühjahr 1931 gründete in den weltanschaulichen Irrtümern des Nationalsozialismus[1]. Die Pflicht zur Warnung des Kirchenvolks ergab sich notwendig aus dem Anspruch der NS-Bewegung, nicht nur ein politisches Programm, sondern eine Weltanschauung zu vertreten. Als unkatholisch verwarfen die Stellungnahmen der Bischöfe namentlich den Rassenkult und den damit verbundenen Antisemitismus sowie den extremen Nationalismus mit dem Fernziel einer Nationalkirche. Insgesamt beunruhigte die Bischöfe an Hitler und seiner Partei der hemmungslose Radikalismus, der für ihr Auftreten charakteristisch war.
Die Reichweite der bischöflichen Warnungen war zweifach begrenzt: in der Sache auf den Nationalsozialismus, „solange und soweit er kulturpolitische Auffassungen kundgibt, die mit der katholischen Lehre unvereinbar sind". Zum andern in der Wählerschaft auf das katholische Drittel des deutschen Volkes und dort wiederum auf jenen Teil des Kirchenvolkes, der die Wächterfunktion des Episkopats in Weltanschauungsfragen bejahte und nicht als parteipolitische Bevormundung zurückwies. Den sich verstärkenden Trend zur Hitlerpartei konnten schon aus diesen Gründen auch die Warnsignale der Bischöfe nicht stoppen. Zweifellos war es aber wesentlich ihr Verdienst, daß der Wählerblock, auf dem die katholischen Parteien, Zentrum und Bayerische Volkspartei, ruhten, in der Hochflut der Hitlerbegeisterung eine höchst erstaunliche Standfestigkeit bewiesen hat.

1 Druck der bischöflichen Warnungen vor dem Nationalsozialismus: B. Stasiewski, Bischöfliche Akten I, Anhang, Nr. 5–7 und 11–13.

Hitlers Betrauung mit der Regierungsverantwortung brachte die Bischöfe in eine Zwangslage. Einerseits blieb Hitler der autoritäre Führer einer weltanschaulich beanstandeten Partei, andererseits war er nach katholischer Staatslehre als Träger der Regierungsgewalt zu respektieren. Noch bevor der Zwiespalt zwischen Kirchentreue und Bürgergehorsam in den Gemeinden die Form einer Zerreißprobe annahm, öffneten Zusicherungen des NS-Kanzlers in der Regierungserklärung vom 23. März 1933 den Weg zu einer zumindest vorläufigen Entspannung[2].

Die Bischofskonferenzen von Fulda und Freising

Organisatorisch gliederte sich der deutsche Episkopat 1933 in zwei Beratungsgremien, in die Bischofskonferenzen von Fulda und Freising. Den Vorsitz in der größeren Fuldaer Bischofsversammlung führte (seit 1920) der Breslauer Kardinal Adolf Bertram (1859–1945), in dem Freisinger Gremium mit den acht bayerischen Oberhirten (seit 1917) dagegen der Münchener Kardinal Michael von Faulhaber (1869–1952). Obwohl die verfassungspolitische Neuordnung nach 1918 mit ihren starken Zentralisierungstendenzen eine Verschmelzung der beiden Bischofskonferenzen nahegelegt hätte, waren die meisten bayerischen Bischöfe als geschworene Föderalisten um ihre landsmannschaftliche Geschlossenheit besorgt und, mit dem Gespenst der Majorisierung durch die doppelt so zahlreichen „preußischen" Amtsbrüder vor Augen, vor einer solchen Fusion zunächst zurückgeschreckt. Zudem fühlten sie sich mit dem Abschluß des Bayerischen Konkordats von 1924 in ihrer landeskirchlichen Eigenständigkeit durchaus bestätigt, weshalb sich die Kooperation von Fulda und Freising in den zwanziger Jahren in der Entsendung des jeweiligen Konferenzvorsitzenden zu den Tagungen der Schwesterkonferenz erschöpfte.

2 Zum Text der Bischofskundgebung vom 28. März 1933 vgl. B. Stasiewski, Bischöfliche Akten I, Nr. 14a; zur Vorgeschichte und zur Diskussion des Entwurfs vgl. L. Volk, Reichskonkordat, S. 71–80.

Wie einschneidend der Machtwechsel vom 30. Januar 1933 aus bischöflicher Sicht gewertet wurde, ist darum nicht zuletzt an der diskussionslosen Bereitwilligkeit aller bayerischen Oberhirten abzulesen, die episkopale Mainlinie zu überschreiten und in Fulda am gemeinsamen Beratungstisch mit den anderen deutschen Bischöfen Platz zu nehmen. Schon mitten im revolutionären Umschichtungsprozeß versuchte eine außerordentliche Plenarversammlung von Ende Mai 1933 eine erste Standortbestimmung. Der gemeinsame Hirtenbrief enthielt ein mit Bedingungen verknüpftes Angebot zu positiver Mitarbeit am staatlichen Neuaufbau, unterdrückte aber auch nicht Besorgnisse über Fehlentwicklungen. Vor der zweiten Zusammenkunft, Ende August 1933, lag die Unterzeichnung des Reichskonkordats (20. Juli 1933). Von seiner Umsetzung in die Wirklichkeit waren die August-Beratungen beherrscht. Um den staatlichen Partner ohne Aufschub an die übernommenen Pflichten zu binden, plädierten die Bischöfe in Rom für baldige Ratifizierung des Vertragswerks, die am 10. September 1933 erfolgte.

Entspannungsexperimente Gröbers

Während der staatliche Konkordatsvollzug, vor allem zum Schutz des katholischen Verbandswesens, auf sich warten ließ und im Gesamtepiskopat die Zweifel an der Vollzugsbereitschaft der NS-Regierung ständig wuchsen, versuchte der Freiburger Erzbischof Conrad Gröber (1872–1948) im Alleingang die Entwicklung über den toten Punkt, wie er meinte, hinwegzubringen. Da Kardinal Bertram das Rampenlicht der hohen Kirchenpolitik scheute, war im Juli 1933 unversehens dem Erzbischof von Freiburg die Vertretung des deutschen Episkopats bei den Schlußverhandlungen zum Reichskonkordat zugefallen. Nicht unempfänglich für die Brückenbauer-Illusionen des Vizekanzlers Papen, glaubte dann Gröber im Herbst 1933 neuerdings auf dem Konkordatsfeld aktiv werden zu sollen, diesmal jedoch ohne jeden Auftrag. Sein Gedankenspiel mit neuen kirchlichen Vorleistungen der Regierung gegenüber rief unter den katholischen Verbandsführern Erbitterung hervor und ein brüskes Stoppsignal aus dem Vatikan beendete Gröbers Sondertour.

Anfangs zögernd, dafür aber dann um so konsequenter löste sich der Freiburger Erzbischof von seinem verspäteten Optimismus, um bei der Auseinandersetzung der Bischöfe mit dem NS-Staat schließlich in die vorderste Reihe zu treten. Das sicherte ihm denn auch das besondere Mißfallen von Hitlers Kirchenminister, der ihn wegen kritischer Äußerungen in Predigten und Hirtenbriefen als „verbissenen Gegner von Staat und Partei" charakterisierte[3]. Gleichwohl blieb der Freiburger Erzbischof durch Führungsambitionen und Mangel an Einordnungsbereitschaft für die Mitstreiter im Episkopat ein ausgesprochen schwieriger Bundesgenosse.

Die Münchener Adventspredigten

Wenn die deutschen Katholiken, am Ende des Machtergreifungsjahres über den schleppenden Konkordatsvollzug enttäuscht und über Gröbers leichtfertige Entspannungsmanöver aufgebracht, dennoch nicht in Resignation verfielen, so war das ein Verdienst Kardinal Faulhabers. Unter den deutschsprachigen Predigern im Bischofsrang galt er unumstritten als der bekannteste und angesehenste. Verkündigung, wie er sie verstand, war im Widerstreit der Meinungen vorab Glaubensverteidigung. Was die Zuhörer anzog, war Faulhabers klare, eigengeprägte, bilderreiche Sprache, noch mehr aber der in Krisenzeiten seltene Mut, akute Tagesprobleme – gelegen oder ungelegen – anzupacken. Das alles verschaffte den Adventspredigten des Münchener Erzbischofs im Dezember 1933 eine unerhörte Resonanz trotz der publizistischen Fesseln, die der gedruckten Verbreitung angelegt wurden[4].

3 Vgl. Kirchenminister Kerrl an den Chef der Reichskanzlei Lammers, 7. März 1941.

4 Die Adventspredigten fanden massenhafte Verbreitung sowohl als Einzelbroschüren wie in dem Sammelbändchen: M. v. Faulhaber, Judentum – Christentum – Germanentum, München 1934.

Faulhabers Bekenntnis zu den Lebenswerten des Alten Testaments, den von der Parteipropaganda geächteten Judenbüchern, war als Absage an die massiv betriebene geistige Gleichschaltung nicht mißzuverstehen und rührte zugleich an das innerste Reizzentrum der NS-Ideologie. Dem Kirchenvolk schließlich verschafften die Kardinalsworte Gewißheit, daß sich die früheren Einwände des Episkopats gegen die NS-Bewegung nicht in vorbehaltlose Zustimmung aufgelöst hatten. Unabhängig vom Thema und über den Tag hinaus wurden die Adventspredigten von den Zeitgenossen registriert als erste, weithin vernehmbare Bekundung bischöflichen Distanzierungswillens. Als moralischer Impuls und Ansporn gingen sie ein in die breit angelegte Abwehroffensive, mit der vom Ordinariat Köln in Massenbroschüren („Katechismuswahrheiten")[5] der Kampf gegen ein nicht näher definiertes, aber jedem Leser vertrautes „Neuheidentum" aufgenommen wurde. Wiederholt übertrug der Gesamtepiskopat dem Münchener Erzbischof die Formulierung gemeinsamer Hirtenworte und Denkschriften. Vornehmlich auf dem Boden des Konkordatsrechts seine Widerspruchskraft voll entfaltend, stand er in der Wesenserfassung des totalitären Weltanschauungsstaates hinter Konrad v. Preysing (1880–1950), dem von Eichstätt wegberufenen Bischof von Berlin, zurück. An dieser unterschiedlichen Sehweise lag es, wenn Faulhaber bisweilen dazu neigte, dem einen oder anderen oberflächlichen Detail in der Selbstdarstellung Hitlers übergebührliche Bedeutung beizumessen.

Je mehr die nationalsozialistischen Machthaber auf dem Weg vollzogener Tatsachen und gesetzlicher Verordnungen die Absicht erkennen ließen, kirchliches Wirken aus der Öffentlichkeit zu verdrängen und über hinderliche Konkordatsbestimmungen hinwegzugehen, desto dringlicher wurde die Koordinierung der bischöflichen Gegenwehr. Diese war außerordentlich erschwert

5 Die Katechismuswahrheiten waren in 35 Fragen und Antworten gegliedert. Druck: W. Corsten, Kölner Aktenstücke, Nr. 115a. Zur Auseinandersetzung mit Rosenbergs „Mythus" vgl. R. Baumgärtner, Weltanschauungskampf.

durch die Aufhebung des Briefgeheimnisses, was den Postweg für jeden vertraulichen Meinungsaustausch unbenutzbar machte. Aus der Notwendigkeit nach verstärktem Zusammenschluß erwuchs auf regionaler Ebene als zusätzliches Beratungsgremium innerhalb des Gesamtepiskopats das Kevelaerer Konveniat, in dem sich die Oberhirten der Kölner und der Paderborner Kirchenprovinz zusammenfanden. Im Frühjahr 1934 erstmals einberufen, tagten die westdeutschen Bischöfe drei- bis viermal im Jahr und überbrückten so für ihren Bereich die langen Zwischenräume der ein- oder notfalls zweimal jährlich zusammentretenden Plenarkonferenz der deutschen Bischöfe in Fulda. Das dortige Treffen nutzten auch die bayerischen Oberhirten meist noch zu einer Sonderbesprechung, hielten darüber hinaus jedoch an der traditionellen Jahreskonferenz in Freising fest, obschon diese an Bedeutung gegenüber Fulda natürlich einbüßen mußte.

Kardinal Bertrams Eingabenpolitik

Jeder Monat unter Hitlers Herrschaft erwies die Praxis totalitären Machtgebrauchs als ein völlig neuartiges Phänomen, demgegenüber die überlieferten Verfahrensweisen im Umgang mit der Regierungsmacht nicht greifen wollten. Dennoch war es ein Gebot der Fairneß, den Sprecher des Episkopats, Kardinal Bertram, in den unausweichlichen Konflikten mit Staat und Partei unter den veränderten Bedingungen des NS-Regimes zunächst einmal das ihm vertraute Instrumentarium der schriftlichen Eingabe erproben zu lassen. In strenger Selbstdisziplin hatte es der Breslauer Kardinal darin zu unbestrittener Meisterschaft gebracht. Auf die Sache konzentriert und frei von Emotionen oder verletzenden Spitzen, suchte Bertram durch das Gewicht der Argumente den kirchlichen Standpunkt zur Geltung zu bringen. In den Vordergrund rückte er dabei Überlegungen und Beweisstücke, die aus dem Blickwinkel des Adressaten von besonderer Überzeugungskraft sein konnten.

Während der Breslauer Kardinal den umfangreicheren schriftlichen Teil der Eingabenpolitik bestritt[6], vertrat ihn bei mündlichen Verhandlungen mit Berliner Regierungsstellen Bischof Wilhelm Berning (1877–1955) von Osnabrück. Die Arbeitsteilung hatte ihre Wurzeln im Schulreferat der Fuldaer Bischofskonferenz, das Berning schon 1916 übernommen und mit Führungspositionen in der Katholischen Schulorganisation und der Ordensschulzentrale verbunden hatte. Dazu traten das Präsidentenamt im St. Raphaels-Verein und im Reichsverband für die katholischen Auslandsdeutschen, Berufungen, die Bernings Klammerfunktion zwischen Episkopat und Verbandskatholizismus noch verstärkten. Daß er im Sommer 1933 – aus unerfindlichen Motiven – zum Preußischen Staatsrat ernannt wurde, schien den Bischof von Osnabrück für Mittlerdienste im NS-Staat besonders zu qualifizieren. Tatsächlich konnte der klingende Titel zwar bisweilen Türen öffnen, kirchenpolitisch aber bewegte er nichts. Immerhin hätte die personelle Ausgangsposition für das Experiment der Eingabenpolitik günstiger kaum sein können, da Berning mündlich genau die Linie vertrat, die von Bertram auf dem Schriftweg verfolgt wurde. Das konnte nicht verhindern, daß noch so viele Vorstellungen ob schriftlich oder mündlich im Endeffekt wenig oder nichts ausrichteten, weil sie bei den Verantwortlichen auf taube Ohren stießen. Auf dem Hintergrund sich mehrender antikatholischer Ausfälle und Übergriffe von Staatsseite wirkte der Staatsratstitel hinter einem Bischofsnamen immer befremdlicher. Offensichtlich aber wäre der überfällige Distanzierungsakt Bernings den Exponenten des Breslauer Appeasementkurses als Eingeständnis ihres Scheiterns erschienen. Nur so ist es zu erklären, daß im Sommer 1935 vatikanischer Weisung zum Trotz und nach Rücksprache Bernings mit Bertram und dem ebenfalls die Breslauer Linie stützenden Nuntius Orsenigo die Ablegung des Staatsratstitels zunächst aufgeschoben wurde und dann gänzlich unterblieben ist.

6 Von Bertrams Abwehrbemühungen gibt die Fülle der von ihm erhobenen Vorstellungen einen eindrucksvollen Begriff; vgl. dazu B. Stasiewski, Bischöfliche Akten I, II und III.

Dem Zwang zu einer Zwischenbilanz im Eingabenmonolog war nicht mehr länger auszuweichen, nachdem der Hl. Stuhl seinerseits die Bahnen der Geheimdiplomatie verlassen und im März 1937 in der Enzyklika „Mit brennender Sorge“ die Konkordatsmißachtung und die Religionspolitik des NS-Regimes vor dem Forum der Weltöffentlichkeit verurteilt hatte. In einer Denkschrift für Kardinal Bertram unterstrich Bischof Preysing wenige Monate später die Notwendigkeit, das bischöfliche Abwehrkonzept zu überdenken[7]. Seine Vorschläge waren keineswegs revolutionär. Denn er verlangte lediglich, den bisher verschwiegenen Protest in einen öffentlichen zu verwandeln, indem das Kirchenvolk durch die nachträgliche Bekanntgabe der Vorstellungen des Episkopats über den Stand der Kirchenbedrückung laufend unterrichtet würde. Erst wenn die NS-Führung Reaktionen zu spüren bekomme, gegen die sie empfindlich sei, nämlich einen Stimmungsabfall im katholischen Volksteil, werde sie Proteste der Bischöfe wirklich ernst nehmen.

Von solchen Vorschlägen wollte jedoch der Breslauer Kardinal nichts wissen. Allzusehr widersprachen sie seiner Maxime, nichts zu tun, was die kirchenpolitischen Spannungen hätte verschärfen können. Gegen den Verdacht mangelnden Abwehrwillens konnte er auf den nichtabreißenden Strom von Aktenstücken verweisen, in denen er bei Ministerialbehörden und Parteistellen gegen Übergriffe und Zwangsmaßnahmen des Regimes protestierte. Für seine Weigerung, von der Politik der Nicht-Irritation abzugehen, berief sich Bertram auf die Kulturkampferfahrungen im Bismarck-Reich. Welche Wunden der NS-Staat der Kirche auch schlagen mochte, es dürfte jedenfalls nie dahin kommen, daß Pfarreien ohne Seelsorger wären und Gläubige wie damals ohne priesterlichen Beistand sterben müßten. Schlüssig wurde diese historische Begründung letztlich allerdings erst durch Bertrams Auffassung von der Rangfolge der Bischofspflichten. Unterscheidet

7 Zum Richtungsstreit zwischen Berlin und Breslau mit den Zuspitzungen von 1937 und 1940 vgl. W. Adolph, Hirtenamt, sowie ders., Geheime Aufzeichnungen.

man am Hirtenamt prophetische und priesterliche Aufgabenkreise, so war in Bertrams Sicht der Primat der letzteren so eindeutig, daß es für Flexibilität keinen Raum gab. An eben diesem Punkt liegt die Problematik, das Beharren auf der Eingabenpolitik zu rechtfertigen.

Der von Bertram verkörperte Kurs, dessen Richtigkeit von immer mehr Konferenzteilnehmern angezweifelt wurde, wäre vom Episkopatsvorsitzenden kaum durchzuhalten gewesen, hätte ihn nicht in kritischen Momenten Kardinal Schulte immer wieder voll unterstützt. Zu den Erzbischöfen von Breslau und Köln, den Eckpfeilern des Fuldaer Gremiums, in einen Gegensatz zu treten, obschon er tatsächlich vorlag, war Kardinal Faulhaber wiederum desto weniger geneigt, als ihm sein Status als Neuzugang besondere Zurückhaltung auferlegte.

Während der Münchener Kardinal sich den Zeitgenossen als Verteidiger christlicher Glaubensüberzeugung einprägte und Kardinal Bertram in einem Berg von Protestschreiben unverwischbare Spuren des Widerspruchs hinterließ, wirkt daneben der Part, den der Kölner Erzbischof Carl Joseph Schulte (1870–1941) in der Auseinandersetzung mit dem NS-Staat ausgefüllt hat, einigermaßen unscharf und blaß. Das hängt wesentlich damit zusammen, daß dem Kölner Kardinal ein Herzleiden öffentliches Auftreten in den letzten Lebensjahren immer mehr erschwerte. Schultes dadurch bedingte Zurückhaltung wurde weithin ausgeglichen durch einen effizienten Mitarbeiterstab unter dem klarsichtigen und energischen Generalvikar Emmerich David. Als tragende Stützen kirchlicher Selbstbehauptung erwiesen sich zudem die Stadtdekane in Köln, Düsseldorf und Essen[8].

Jedesmal, wenn außenpolitische Überraschungsaktionen des Regimes oder gravierende Vorstöße in den Kirchenraum unverzügliche Entschließungen des Gesamtepiskopats erforderten, die dann ausblieben oder zu spät kamen, empfanden viele Bischöfe schmerzlich, wie wenig die schwerfällige Konferenzstruktur mit nur einer Zusammenkunft im Jahr den Gegenwartsbedürfnissen entsprach. Wiederholt standen Vorschläge zur Schaffung eines

8 Vgl. dazu ausführlich U. v. Hehl, Katholische Kirche.

Exekutivausschusses oder eines im Ernstfall schnell handlungsfähigen Krisenstabes zur Diskussion, führten aber über Absichtserklärungen nicht hinaus.

Die Vertreibung des Bischofs von Rottenburg

Daß jeder einzelne von ihnen auf einsamem Posten und in der Defensive stand, gehörte zur Alltagserfahrung der Bischöfe im NS-Staat. Daß sie aus der Vereinzelung in die Isolation gedrängt werden konnten, wenn sich ein Anlaß bot, die Übermacht der Funktionärsgewalt gegen einen aus ihren Reihen zu konzentrieren, veranschaulichte bedrohlich die Vertreibung des Bischofs von Rottenburg im Sommer 1938. Anders als sein Freiburger Metropolit, der anfänglich überoptimistische Erzbischof Gröber, hatte Joannes Baptista Sproll (1870–1949) die kirchenpolitischen Absichten Hitlers illusionslos nüchtern gesehen und schon am Ende des Machtergreifungsjahres richtig prophezeit[9]: „Das Konkordat wird die Regierung nicht kündigen, aber auch nicht halten. Das ist offenkundig." Im Land Württemberg, mit seinen katholischen Diözesanen in einer Minderheitensituation, hatte der Bischof von Rottenburg gegenüber einem radikalen Unterrichtsminister in Stuttgart schon in den ersten Jahren der NS-Herrschaft einen schweren Stand.
Zum „Fall" und zu einem Kapitel im Kirchenkampf wurde Bischof Sproll, nachdem er der Volksabstimmung vom 10. April 1938 ferngeblieben war. Die Distanzierung galt nicht dem Anschluß Österreichs, sondern der damit gekoppelten Gutheißung der nationalsozialistischen Reichstagsliste mit prominenten Kirchenfeinden in Spitzenpositionen. Der Verzicht auf die Stimmabgabe war in sich nicht sehr demonstrativ, die dahinterstehende Motivation verschieden interpretierbar. Eben darum erblickten Parteikreise darin die Chance, gegen den Bischof ein Kesseltreiben zu inszenieren, ihn als „Volksverräter" zu brandmarken und ihn durch künstlich gesteuerten und teilweise gewalttätigen

9 Vgl. Bischof Sproll an Kardinal Bertram, vor 28. Dezember 1933.

„Volkszorn" so ins Abseits zu drängen, daß die Ausweisung Sprolls aus Württemberg als scheinbar unvermeidlicher Akt der Befriedung hingestellt werden konnte[10].
Obwohl es an beschwörenden Appellen aus Bischofskreisen nicht fehlte, intervenierte Kardinal Bertram im Namen des Gesamtepiskopats nur zögernd und erst zu einem Zeitpunkt, als sich die Machthaber auf kompromißlose Unnachgiebigkeit festgelegt hatten. Am negativen Ausgang dieses Ringens mit ungleichen Waffen konnte auch der hingebungsvolle Einsatz von Weihbischof Heinrich Wienken (1883–1961), seit 1937 Leiter des neugeschaffenen Kommissariats der Fuldaer Bischofskonferenz in Berlin, nichts ändern. Verbindungsmann des Episkopats zur Reichsregierung, wirkte Wienken als verlängerter Arm des Breslauer Kardinals in der Reichshauptstadt. Durch zwei Jahrzehnte Caritastätigkeit in Berlin geprägt und von nie erlahmender Hilfsbereitschaft, war Wienken ein Mann guten Willens, aber von schwachem Selbstand, durch Gesetze und Verordnungen gleich welchen Inhalts außerordentlich zu beeindrucken, sobald sie das Staatssiegel trugen, und aus all diesen Gründen bei Verhandlungen kaum ein überzeugender Verfechter von Gegenpositionen. Kardinal Bertram schätzte den Leiter des Berliner Büros wegen seiner unbezweifelbaren Ergebenheit, die dafür bürgte, daß Wienken die Breslauer Linie der Nicht-Konfrontation ohne Abweichung einhielt.
Schon deswegen brachte die Errichtung des Berliner Büros keinen Fortschritt in den jahrelangen Bestrebungen, einen unbürokratischen Krisenstab zu schaffen, der das Tun und Lassen des Konferenzvorsitzenden enger an die Auffassungen des von ihm repräsentierten Gesamtepiskopats gebunden hätte. Es entbehrte darum nicht der inneren Logik, daß es zwischen dem Berliner Bischof v. Preysing und dem Breslauer Kardinal gerade in der Frage der Generalermächtigung des Episkopatsvorsitzenden während der konferenzfreien Monate zum offenen Konflikt kam. Ausgelöst wurde er im April 1940 durch einen Geburtstagsglück-

10 Vgl. dazu P. Kopf, M. Miller, Vertreibung von Bischof Joannes Baptista Sproll.

wunsch an Hitler, den Bertram im Namen des Gesamtepiskopats, aber ohne vorherige Fühlungnahme, formuliert und abgesandt hatte. Bischof Preysing war über den Schritt des Breslauer Kardinals so betroffen, daß er seinen Rücktritt erwog, seine Protestbekundung dann aber auf die Niederlegung des von ihm geleiteten Pressereferats der Bischofskonferenz beschränkte. Während der Kriegsjahre mit ihren unerhörten Herausforderungen an die Entscheidungskraft der Bischöfe wurde das in Kardinal Bertram verkörperte Führungsproblem aus Pietät und Korpsgeist immer wieder vertagt.

Nach Hitlers Griff über die Grenzen steigerte sich nach dem 1. September 1939 die totalitäre Machtenthemmung im Innern bis zum Exzeß. Für Zehntausende von Geisteskranken und Millionen von Juden und „Fremdvölkischen" bedeutete die Lösung des höchsten Führerwillens von allen Rechtsnormen das Todesurteil. In massenhaften Klosteraufhebungen und der Verschleppung zahlloser Geistlicher ins Konzentrationslager desavouierte das Regime die Parole vom inneren Burgfrieden und konfrontierte die Bischöfe mit der schrittweisen Demontage der staatlichen Rechtsordnung. Noch gebieterischer verlangten darüber hinaus die großen, zumeist mit dem Schleier der Geheimhaltung verhüllten „Staatsverbrechen" nach dem Einspruch des Episkopats: Der Massenmord an den Geisteskranken in der Euthanasieaktion (1940/41), die Verschleppung und Ausrottung der Juden (1941/44) und schließlich die brutale Eindeutschungs- und Entkirchlichungspolitik in den annektierten Gebieten (1939–1945). Protestieren mußten die Bischöfe gegen die eigene Regierung, und das mitten in einem Krieg, in dem nach offizieller Darstellung nichts Geringeres als das Schicksal der Nation auf dem Spiele stand. Auf kritische Hirtenworte reagierten denn auch Kirchenministerium und Reichskanzlei drohend mit dem Vorwurf der „Feindbegünstigung". Und nicht ohne Grund beschäftigte so manchen Bischof die Sorge, daß jeder nicht unmittelbar nachvollziehbare Protestschritt gegen Regierungsmaßnahmen zum Spielen mit Dolchstoßverdächtigungen gegen den katholischen Volksteil verleiten könne.

Bischof Galens einsamer Entschluß

Diese und andere Befürchtungen ließ Bischof Clemens August v. Galen hinter sich, als er sich, nicht ohne Gewissenskampf, im Juli 1941 entschloß, in eigener Verantwortung aus dem Kreis der Amtsbrüder herauszutreten, um Euthanasieverbrechen und Klosterraub nicht nur durch interne Proteste, sondern laut von der Kanzel herab zu verurteilen[11]. Die Kettenreaktion einer sich selbst tragenden spontanen Zustimmung erreichte, obwohl von der Publizistik totgeschwiegen, Ausmaße, die den Prediger zumindest für den Augenblick unangreifbar machten. Offiziell ignorierte das NS-Regime die beispiellose Herausforderung, um sich ihr nicht stellen zu müssen, schwor aber gleichzeitig, die Rache später kalt zu genießen (Goebbels). In dem Sog, von dem die Galen-Predigten, vieltausendfach abgeschrieben, nach allen Himmelsrichtungen über Europa hinweggetragen wurden, bis sie in Gestalt englischer Flugblätter wieder an den Ursprungsort zurückflatterten, spiegelte sich das Vakuum, das sich unter dem Erwartungsdruck der Fragenden gebildet und das ein klares Bischofswort mit einem Schlag ausgefüllt hatte. Der Anstoß aus Münster wurde von anderen Oberhirten aufgegriffen (Machens/Hildesheim; Bornewasser/Trier; Stohr/Mainz; Preysing/Berlin; Hilfrich/Limburg) und klang, für die Wissenden auf die Judenvernichtung gerichtet, erneut auf im Dekalog-Hirtenbrief des Gesamtepiskopats von 1943: „Tötung ist an sich schlecht, auch wenn sie angeblich im Interesse des Gemeinwohls verübt würde [...] an Menschen fremder Rasse und Abstammung."

Gewohnt, in der Staatsführung – ob monarchisch oder republikanisch – die Hüterin einer verbindlichen Rechtsordnung zu respektieren, wurden die deutschen Bischöfe durch den nationalsozialistischen Weltanschauungsstaat mit einem so neuartigen und zugleich bestürzend aggressiven Phänomen konfrontiert, daß sie

11 Die drei Galen-Predigten vom 13. und 20. Juli sowie vom 3. August 1941 sind gedruckt in H. Portmann, Kardinal von Galen, S. 334–366.

12 Vgl. Hirtenwort des deutschen Episkopats, 19. August 1943. Druck: W. Corsten, Kölner Aktenstücke, Nr. 227.

nach der Neuorientierung erst mühsam suchen mußten. Da die Meinungen über die angemessene Abwehrhaltung und konkret in der Frage, an welchem Punkt und mit welcher Festigkeit dem totalitären Unterwerfungsanspruch der Hitler-Herrschaft zu widerstehen sei, auseinandergingen, folgte fast notwendig der Zwang zu einer neuen Standortbestimmung. Wenn dabei Bertram und Preysing Gegenpole bildeten, so konnten doch beide Richtungen bejahen, was ein Kölner Strategiepapier 1937 zum Fundamentalsatz bischöflichen Wirkens unter totalitärer Herrschaft erhoben hatte[13]: „Das Glaubensleben in möglichst vielen Katholiken so zu vertiefen und zu stärken, daß sie den Prüfungen der Zeit gewachsen sind, auch wenn Bekennertreue von ihnen verlangt wird."

13 Vgl. Stellungnahme Schultes, 16. Januar 1937. Druck: L. Volk, Bischöfliche Akten IV, Nr. 346.

Ulrich von Hehl
Das Kirchenvolk im Dritten Reich

Der Katholizismus vor 1933

Jede Betrachtung des Verhaltens der kirchlich gebundenen Bevölkerung im Dritten Reich muß zunächst davon ausgehen, daß der Katholizismus in Deutschland eine Minderheit war. Nach der Volkszählung vom 16. Juni 1933 waren von 65,2 Millionen Deutschen 21,2 Millionen römisch-katholisch, also nicht mehr als ein knappes Drittel[1]. Geschlossene katholische Siedlungsgebiete lagen vor allem im Westen und Süden des Reiches, in den Rheinlanden und Westfalen, in Bayern und Baden, aber auch im südöstlichen Schlesien. Charakteristische katholische Inseln waren das Eichsfeld in Thüringen und das ostpreußische Ermland.

Der statistischen Disparität entsprach auch in politisch-sozialer Hinsicht eine gewisse Sonderstellung, die nicht zuletzt ein Ergebnis des Kulturkampfes der Bismarckzeit war. Zwar hatte der Katholizismus den Makel der Reichsfeindschaft weitgehend überwunden und durch die Weimarer Reichsverfassung von 1919 die staatsbürgerliche Gleichberechtigung errungen, doch waren eine auffällige Unterrepräsentanz in vielen Führungsschichten und tiefe Gräben zwischen den Konfessionen geblieben.

Eine Folge der durch den Kulturkampf bewirkten innerkirchlichen Solidarisierung war nach außen hin namentlich ein weitverzweigtes Vereins- und Verbandswesen, das nahezu alle Lebensbereiche des Kirchenvolks umfaßte. Zu Beginn der dreißiger Jahre kam eine Aufzählung gut und gern auf „zirka 280 große und kleine Organisationen und Organisatiönchen“[2] mit einer in die Millionen gehenden Mitgliederzahl, darunter so bedeutende wie

1 Angaben nach Statistischem Jahrbuch für das Deutsche Reich 53, 1934, S. 14.

2 Vgl. K. Repgen, Hitlers Machtergreifung, S. 16.

der Reichsverband der Katholischen Jugend Deutschlands mit 1,5 Millionen oder der Reichsverband der katholischen Arbeiter- und Arbeiterinnenvereine Deutschlands mit 315 000 Mitgliedern[3].

Hervorstechendster Ausdruck katholischen Selbstbehauptungswillens war indessen die Zentrumspartei, die gerade durch ihr enges Zusammenwirken mit Verbänden und katholischer Presse recht eigentlich das begründete, was man „politischen Katholizismus" nannte. Während des Kulturkampfes zur maßgeblichen Interessenvertretung der deutschen Katholiken geworden, hatte das Zentrum zwar seither ständig an Stimmen verloren, war aber auch in der Weimarer Republik eine wichtige politische Kraft geblieben.

Mit nachlassendem staatlichen Druck bei gleichzeitig fortschreitender „Säkularisierung" des gesellschaftlich-religiösen Lebens in Deutschland hatten sich auch die Bindungen vieler Katholiken an ihre Kirche gelockert. Es ist daher sinnvoll, im folgenden nicht mehr vom Katholizismus schlechthin, sondern nur noch vom „Kirchenvolk" als demjenigen Teil zu sprechen, der kirchlicher Beeinflussung zugänglich war. Damit ist der Kreis auf die sogenannten praktizierenden Katholiken begrenzt, die im Sinne der (Osterkommunion-)Statistik als „bekenntnistreu" anzusehen sind. Das waren im Reichsdurchschnitt der Jahre 1930 bis 1933 ca. 62,4 von Hundert, also ein deutlich höherer Prozentsatz als heute (zum Vergleich: 1975: 40,9 Prozent)[4].

Von diesen gut 62 Prozent bekenntnistreuer Katholiken haben bis zum Ende der Weimarer Republik etwa zwei Drittel das Zentrum und dessen bayerische Schwesterpartei, die BVP, gewählt. Ein Blick in die Wahlstatistiken zeigt, daß sich die beiden katholischen Parteien auf einen zwar geschrumpften, aber trotz allem doch festen Wählerstamm stützen konnten, der im Durchschnitt der Wahlen von 1919 bis 1933 bei 16,2 Prozent aller abgegebenen Stimmen lag[5].

3 Angaben nach Kirchlichem Handbuch XVIII (1933/34) S. 104 ff.
4 Angaben nach Kirchlichen Handbüchern XVIII (1933/34), S. 288, und XIX (1935/36), S. 298. Die Vergleichszahl bei Joseph Kardinal Höffner, Pastoral der Kirchenfremden, Bonn 1979, S. 27.
5 Vgl. die Übersichten bei A. Milatz, Wähler und Wahlen.

Die Unterzeichnung des Reichskonkordats am 20. Juli 1933

von links: Prälat Kaas, Vizekanzler v. Papen, Unterstaatssekretär Pizzardo (später Kardinal), Kardinalstaatssekretär Pacelli (später Papst Pius XII.), Substitut Ottaviani (später Kardinal), Ministerialdirektor Buttmann, Substitut Montini (später Papst Paul VI.), Botschaftsrat Klee

Papst Pius XI.

Papst Pius XII.

Michael
Kardinal
Faulhaber

Adolf
Kardinal
Bertram

Bischof Konrad
Graf von Preysing

Bischof
Clemens August
Graf von Galen

Dieser Stetigkeit des Wahlverhaltens kommt gerade für die letzten Weimarer Abstimmungen besondere Bedeutung zu. Mit der Reichstagswahl vom 14. September 1930 war dem Nationalsozialismus erstmals ein atemberaubender Stimmenzuwachs gelungen, den er im Juli 1932 noch einmal verdoppeln konnte. Fragt man daher unter konfessionellem Aspekt: „Wer verhalf der NSDAP zum Sieg?“[6], so ergibt sich, daß die Partei in nahezu allen „katholischen“ Wahlkreisen weit unter dem Reichsdurchschnitt blieb[7]. Ihre Hochburgen lagen im Norden und Osten Deutschlands, daneben in Thüringen, Hessen und Mittelfranken. Nach 1930 wurde „der Konfessionsfaktor sogar zur wichtigsten Einflußgröße des nationalsozialistischen Wählerverhaltens überhaupt. Die NSDAP entwickelte sich nun immer stärker zu einer Partei des protestantischen Bevölkerungsanteils. In katholischen Gebieten, wo die Bewohner noch stark religiös integriert waren, dominierten Zentrum oder BVP eindeutig; die NSDAP hatte hier nur sehr geringe Erfolgsaussichten. Erst bei der Märzwahl 1933 gelangen ihr hier einige kleinere Einbrüche“, vornehmlich in ländlich strukturierten Wahlkreisen Bayerns und Badens[8].

Die Gründe wird man nicht nur in angestammter „Zentrumstreue“, sondern vor allem in der gemeinsamen Abwehrfront von Episkopat, Klerus, Verbänden, katholischer Presse und Zentrumspartei bzw. BVP suchen müssen. Sie fand ihren spektakulärsten Ausdruck in den um die Jahreswende 1930/31 erlassenen oberhirtlichen Warnungen vor dem Nationalsozialismus, in den jeweiligen Wahlhirtenworten der Bischöfe und zuletzt noch im „Mahnruf katholischer Volksverbände“ vom 17. Februar 1933[9].

Gleichwohl konnten solche Aktionen nicht verhindern, daß Hitler im Bund mit der Kampffront Schwarz-Weiß-Rot nach der Reichstagswahl vom 5. März 1933 über die absolute Mehrheit der Stimmen verfügte. Zwar war ihm auch diesmal kein tiefer Ein-

6 So der Titel einer Untersuchung von J. W. Falter.

7 Vgl. die Wahlkarten bei A. Milatz, Wähler und Wahlen.

8 Vgl. J. W. Falter, S. 16.

9 Druck bei B. Stasiewski, Bischöfliche Akten I, Nrn. 1 ff, 5*ff. 11*–15*.

bruch in die Masse der katholischen Stammwählerschaft gelungen, doch hatten Zentrum und BVP ihre parlamentarische Schlüsselstellung verloren.

Im Jahr der Machtergreifung

Noch entscheidender war für den deutschen Katholizismus das Datum des 30. Januar 1933. Denn mit der Machtübertragung an Hitler durch den senilen Reichspräsidenten von Hindenburg sahen sich Kirche und Kirchenvolk vor eine grundlegend veränderte Situation gestellt: Die lehramtlich verurteilte NS-Bewegung war zur staatstragenden Macht und damit zur rechtmäßigen Obrigkeit geworden, der man nach alter kirchlicher Lehre den staatsbürgerlichen Gehorsam schuldete.

Jedes Zögern oder Abwartenwollen wurde überdies durch den stürmischen Verlauf der NS-Revolution überrollt. Deutschland war in einen propagandistisch gesteigerten nationalen Rauschzustand versetzt und von der Aussicht auf „wahre Volksgemeinschaft" erfüllt. Der „Parteienhader von Weimar" schien endlich überwunden, und ein „Kabinett der nationalen Konzentration" versprach tatkräftige Lösung der drängenden politischen und wirtschaftlichen Fragen.

Das Prinzip von Hitlers Strategie hieß „Zuckerbrot und Peitsche". Wer nicht durch den Terror der SA-Banden „überzeugt" oder eingeschüchtert wurde, sollte durch seine „dezidiert ... christlich klingende, deutschnationale Phraseologie" übertölpelt werden[10], die Hitler vor allem in seiner berühmten Reichstagserklärung vom 23. März 1933 einzusetzen verstand. Kein Wunder, daß im Laufe des März Verwirrung und Unsicherheit auch bis weit in die Reihen des Kirchenvolkes hineinreichten. Bei vielen kamen erneut Befürchtungen auf, nun abermals wie im Kulturkampf ins politische Abseits gedrängt oder als „Reichsfeinde" etikettiert zu werden.

In dieser Situation war die bedingte Rücknahme der bischöflichen

10 Vgl. K. Repgen, Hitlers Machtergreifung, S. 5.

Warnungen vor dem Nationalsozialismus vom 28. März 1933 als der Versuch zu verstehen, Hitlers anscheinend zum Frieden ausgestreckte Hand nicht wegzustoßen und den Gläubigen die Entscheidung des Entweder-Oder zu ersparen. Das bischöfliche Einlenken löste daher Erleichterung und Zustimmung aus, allerdings auch Kritik und Unverständnis. Kritische Einwände waren vornehmlich aus den Reihen des Zentrums und der Verbände zu hören, die sich im Frühjahr 1933 nun freilich in besonderer Weise dem Sog von Umsturz und Gleichschaltung ausgesetzt sahen. Die Masse des Kirchenvolks hingegen schien zwischen Furcht und Hoffnung, resignierendem Fatalismus und vertrauensvoller Aufbruchsstimmung hin- und hergerissen, bis am Ende die Illusion überwog, es werde doch alles so schlimm nicht werden.

Im „Kölner Bekenntnis der katholischen Beamtenvereine Deutschlands" vom Juni 1933 war geradezu von der „sittliche[n] Pflicht zur Mitarbeit am neuen Staat, an der neuen Wirtschaft und an der neuen Volkswirtschaft" die Rede, ein Aufruf, der zeigte, wie sehr man die vorgeblichen Ziele der Reichsregierung mit eigenen Wünschen gleichsetzen zu können glaubte[11]. Die Unterzeichnung des Reichskonkordats am 20. Juli 1933, das der Kirche die Wahrung ihres Besitzstandes versprach, schien solchen Optimismus zu rechtfertigen. Treffend ist daher bemerkt worden: „Der Wind blies Hitler 1933 nicht ins Gesicht, sondern in den Rücken"[12].

Gerade der sich als „progressiv verstehende Teil" des deutschen Katholizismus[13] erlag dem Sammlungsruf des Führers und der Faszination durch den nationalen Appell. Das gilt in besonderem Maße für die zwar kleine, aber nicht einflußlose Gruppe deutscher „Rechtskatholiken" um Reichsvizekanzler von Papen, die sich vornehmlich aus Kreisen des Adels, des akademisch gebildeten Bürgertums und – allerdings wenigen – Mitgliedern des (hohen) Klerus rekrutierte. Politisch von überlieferten Zentrumsaversionen, theologisch von visionärer Reichsromantik beeinflußt,

11 Vgl. U. v. Hehl, Erzbistum Köln, S. 38.
12 Vgl. K. Repgen, Christen im Widerstand, S. 266.
13 Vgl. L. Volk, Reichskonkordat, S. 85.

fand sie ihre Organisationsform in dem am 3. April 1933 gegründeten „Bund Katholischer Deutscher ‚Kreuz und Adler'", der Anfang Oktober des gleichen Jahres zur ‚Arbeitsgemeinschaft Katholischer Deutscher' umgebildet wurde. Seine Hauptaufgabe sah dieser Kreis in Brückenschlägen zwischen dem katholischen Volksteil und der NS-Bewegung; mit zahlreichen Kundgebungen und Broschüren suchte er für die Koexistenz beider Weltanschauungen zu werben, um „die vielen Reibungen, Schwierigkeiten und Mißverständnisse zu überwinden, die erklärlicherweise im Gefolge der nationalen Revolution und der Neuregelung des Verhältnisses zwischen Staat und Kirche aufgetreten sind oder täglich neu auftreten können"[14].

Die Fronten klären sich

Tatsächlich entsprang diese Sicht eher illusionärem Zweckoptimismus als realistischer Tatsacheneinschätzung. Während es im Sommer 1933 zunächst noch schien, als würden sich Kirche und Reichsregierung auf einer Ebene gegenseitiger Respektierung treffen können, wuchsen gegen Ende des Jahres die Zweifel. Unbeschadet aller konkordatären Zusicherungen eskalierten die Übergriffe gegen das konfessionelle Verbands- und Pressewesen. Den Gleichschaltungsdrang der Parteigliederungen bekamen insbesondere die katholischen Jugend- und Standesvereine zu spüren, die nicht nur schikanösen Betätigungsverboten, sondern auch ständigen Übergriffen durch Hitler-Jugend (HJ) und Deutsche Arbeitsfront (DAF) ausgesetzt waren. Diese Auseinandersetzungen nahmen in den Jahren 1934/35 an Härte zu, wurden durch Doppelmitgliedschaftsverbote – d. h. Verbote gleichzeitiger Mitgliedschaft in konfessionellen und „nationalen" Organisationen – verschärft und mündeten schließlich in einen ebenso langwierigen wie zermürbenden Grabenkampf.
Der Totalitätsanspruch der NSDAP beschränkte sich jedoch nicht auf diese „Außenwerke" der Kirche, obgleich er hier für

14 Zitiert bei U. v. Hehl, Erzbistum Köln, S. 51 Anm. 1.

den einzelnen besonders spürbar wurde, sondern griff schon früh auf den weltanschaulichen Bereich über. Das wurde besonders augenfällig, als am 24. Januar 1934 mit Alfred Rosenberg ein entschiedener Gegner des Christentums zum Gralshüter der NS-Lehre bestellt wurde und Schulungsveranstaltungen der Partei sich immer stärker zu Zentren antikonfessioneller Hetze entwickelten.

Es konnte nicht ausbleiben, daß diese Vorgänge immer mehr Kirchgängern die Augen öffneten, und so begann sich um die Jahreswende 1933/34 wachsender Unmut bei Klerus und Gläubigen zu regen. Im süddeutschen Raum waren es vor allem die „Adventspredigten" und die Silvesteransprache des Münchner Kardinals von Faulhaber, die in ihrer scharfen Frontstellung gegen das „Neuheidentum" weit über die Grenzen Bayerns hinaus Signalwirkung ausübten. Im Westen dagegen, wo der Kampf gegen die katholischen (Jugend-)Vereine im Mittelpunkt der Auseinandersetzungen stand, entzündete sich der Unwille des Kirchenvolks vor allem an der schikanösen Unterdrückungspolitik der NS-Organe. Gerade der gegen die Verbände erhobene Vorwurf der Staatsfeindlichkeit wurde als empörende Demütigung empfunden und führte zu spontaner Identifizierung mit dem „guten Recht" der katholischen Jugend.

Schon von den Zeitgenossen ist dieser Stimmungsumschwung als tiefgreifender Sinneswandel verstanden worden, als ein vor allem religiös motivierter Abwehrwille, der seinen letzten Grund darin hatte, „daß", wie der Kölner Erzbischof Schulte gegenüber Hitler ausführte, „die gläubige katholische Bevölkerung ... immer deutlicher erfährt, daß die regierende Bewegung gegenüber Kirche und Christentum eine grundsätzlich feindliche Haltung einnimmt"[15].

Bezeichnenderweise machte sich der Unmut in zunehmender Beteiligung am kirchlichen Leben Luft. Zwar stieg die absolute Zahl der praktizierenden Katholiken nicht auffallend, doch wuchs ihr Engagement. Gerade glaubensvertiefende Veranstaltungen wie Volksmissionen, Exerzitien und Einkehrtage wurden seit 1934

15 Zitiert ebenda S. 51.

erheblich stärker besucht als in den Vorjahren, vor allem, weil sie sich kämpferisch mit dem Neuheidentum auseinandersetzten. Geradezu sprunghaft nahm jedoch die Teilnahme an Prozessionen, Wallfahrten und Glaubenskundgebungen zu. Das war um so auffälliger, als solche Großveranstaltungen stark in die Öffentlichkeit wirkten und angesichts der kulturkampfähnlich verstandenen Herausforderung betont demonstrativen Charakter bekamen. Beispielhaft zeigt sich das an der „Kalker Bußwallfahrt", einer alljährlich in der Karwoche stattfindenden Prozession Kölner Männer und Jungmänner. Mit 40000 Teilnehmern übertraf sie 1934 nicht nur die Beteiligung des Vorjahres um ein Viertel, sondern wurde auch durch die Ruhe und Würde ihres Verlaufs zu einer machtvollen Demonstration katholischen Selbstbehauptungswillens[16].

Indessen war die Kalker Bußwallfahrt kein Einzelfall. Eine Rekordbeteiligung wiesen durchweg auch die Fronleichnamsprozessionen auf. Im ostpreußischen Ermland etwa wurden 1934 zwischen 30000 und 50000 Teilnehmer gezählt[17], und über 200000 katholische Arbeiter kamen von Juni 1934 bis Januar 1935 im Westen Deutschlands bei Massenwallfahrten der KAB zusammen[18].

Nicht weniger beeindruckend waren die Glaubenskundgebungen der katholischen Jugend. Wohl war die Mitgliederzahl im bedeutendsten Jugendverband, dem Katholischen Jungmännerverband (KJMV), aus erklärlichen Gründen „von 365000 Mitgliedern Anfang 1933 auf 252000 Mitglieder im Mai 1934 gesunken"[19], um so stärker beteiligten sich jedoch auch Nicht-Vereinsgebundene an den Großveranstaltungen des Jahres 1934. Insgesamt lag die Teilnehmerzahl im Reich bei vielen Hunderttausenden, doch ragen einzelne Ereignisse wie die Peter und Pauls-Feier 1934 in Essen mit 50 bis 60000 Teilnehmern hervor[20].

Über die Gründe der ungewöhnlich hohen Beteiligung war sich

16 Vgl. ebenda S. 78.
17 Vgl. G. Reifferscheid, Bistum Ermland, S. 120.
18 Vgl. J. Aretz, Katholische Arbeiterbewegung, S. 147.
19 Vgl. B. Schellenberger, Katholische Jugend, S. 126.
20 Vgl. ebenda S. 128 Anm. 300.

die Staatspolizei durchaus im klaren. So heißt es in einem Lagebericht von Ende März 1934: „Es ist politisch bemerkenswert und aufschlußreich, daß sich die katholische Bevölkerung Kölns, und besonders die Männerwelt, in letzter Zeit stark zusammenschließt und an den kirchlichen Feiern und Veranstaltungen in derart großer Anzahl teilnimmt, wie man es kaum in den Vorjahren jemals erleben konnte ... Der Grund wird darin zu suchen sein, daß man die gegen die katholischen Verbände usw. getroffenen Maßnahmen nicht billigt und nun in aller Öffentlichkeit zeigen will, daß man nach wie vor treu zur katholischen Kirche steht"[21].

Allerdings sprach aus den spontanen Massenbekenntnissen auch Unzufriedenheit mit dem Verhalten mancher Kirchenführer. Namentlich solche Bischöfe wurden kritisiert, die durch betonte Zurückhaltung die Situation zu entschärfen suchten. Da ihre meist internen Proteste und Eingaben dem Kirchenvolk unbekannt blieben, faßte es ihren „Entspannungskurs" als Schwäche, Ängstlichkeit oder Verkennung der Lage auf und sang das Weihnachtslied „Ihr Hirten erwacht!" mit eindeutigem Hintersinn. Die Vertrauenskrise drohte sich im Frühjahr und Sommer 1935 noch zu verschärfen, als zahllose Priester und Gläubige, durch die Schikanen des täglichen Grabenkampfes bedrängt und entmutigt, nach klareren Entscheidungshilfen ihrer Oberhirten verlangten. Insofern drückte eine Denkschrift der katholischen Verbände an die Fuldaer Bischofskonferenz von Anfang August 1935 ein weitverbreitetes Gefühl des Alleingelassenseins aus, wenn sie in prononcierter Überspitzung vor dem „Martyrium ohne Auftrag" warnte[22].

In dieser Situation sorgten spontane Reaktionen im Klerus für Rückenstärkung der Gläubigen. Von tatkräftigen Dechanten oder Pfarrern angeregt, nannten gemeinsame Kanzelproklamationen in zahlreichen Dekanaten die gröbsten Übergriffe beim Namen. Reichsweite Kreise zog jedoch eine Broschürenaktion der Kölner „Abwehrstelle" unter Domvikar Joseph Teusch. Mehr als

21 Zitiert bei U. v. Hehl, Erzbistum Köln, S. 80.

22 Druck bei B. Stasiewski, Bischöfliche Akten II, Nr. 225/IVa.

zwei Dutzend Massendruckschriften in einer Gesamtauflage von 17 Millionen vermittelten dem Kirchenvolk die notwendigen Klar- und Richtigstellungen. Ihre Vertreibung in den rund 11 500 deutschen Pfarreien war ein ständiger Wettlauf mit dem Zugriff der Gestapo; sie wäre ohne den Einsatz Hunderter freiwilliger Helfer nicht möglich gewesen.
Zwei Aktionen ragen unter den Initiativen der Abwehrstelle hervor: Die „Studien zum Mythus des 20. Jahrhunderts", die zur wichtigsten katholischen Antwort an den Parteiideologen Alfred Rosenberg wurden, und im Herbst 1936 die sogenannten Katechismuswahrheiten, eine gegen die NS-Weltanschauung gerichtete katholische Glaubenslehre in Merksätzen.

Der Höhepunkt der Auseinandersetzungen

Die Jahre 1936/37 brachten eine bedrohliche Verschärfung der kirchenpolitischen Situation, so daß sich die Reihen von Episkopat, Klerus und Kirchenvolk wieder fest zu gemeinsamer Abwehr schlossen.
Nicht nur hatten die sogenannten Devisenprozesse der Jahre 1935/36 und der 1935 in Bayern ausgebrochene Kampf gegen die (katholische) Bekenntnisschule für wachsendes Mißtrauen gesorgt, auch vereins- und pressefeindliche Maßnahmen hatten in bedrohlicher Weise zugenommen. Überdies sorgten verbissen geführte Kampagnen, in denen zu Kirchenaustritt und „Entkonfessionalisierung des öffentlichen Lebens" aufgerufen wurde, für große Beunruhigung. Noch weit spektakulärer war jedoch der mit den Sittlichkeitsprozessen verknüpfte Verleumdungsfeldzug, mit dem im Frühjahr und Sommer 1936/37 das moralische Ansehen der Kirche untergraben und ein Keil zwischen Klerus und Gläubige getrieben werden sollte. Wie kein anderer Zeitraum sind daher die beiden Jahre 1936/37 geeignet, Auskunft über den Erfolg oder Mißerfolg der nationalsozialistischen Propaganda und damit auch über die Bindungen der Gläubigen an die Kirche zu geben.

Da demoskopische Umfragen, wie sie uns heute geläufig sind, für das Dritte Reich fehlen und in einem totalitären Regime auch gar nicht durchführbar gewesen wären, ist eine Antwort zunächst einmal den kirchlichen Statistiken zu entnehmen, vor allem den Zahlen über die Kirchenaustritte und Osterkommunionen. Danach ergibt sich folgendes Bild: Während von 1933 bis 1935 mit „jährlich etwa 31000 Katholiken ... ungefähr 23000 weniger als jeweils in den drei Vorjahren" die Kirche verlassen hatten, stieg ihre Zahl „1936 auf 46000 und schnellte im nächsten Jahr um mehr als das Doppelte auf 108000 empor"; 1938 sank sie jedoch wieder auf 88700 und fiel in den nächsten Erhebungsjahren allmählich wieder unter die 40000-Grenze.
Gemessen an der Gesamtzahl der Katholiken ergibt die hohe Austrittsquote von 1937, vermindert um die Zahl der gleichzeitigen Über- und Rücktritte, jedoch nur einen Prozentsatz von 0,43: „Ein ‚Massenaustritt' aus der Kirche war dies zweifellos nicht". Weit höhere Austrittszahlen für die evangelische Kirche und „ein verstärkter Druck von Partei und Staat auf kirchenverbundene Personen, insbesondere Beamte" legen es daher nahe, die Austritte nicht als ausschließliche Folge der Prozeßkampagne, sondern als Ausdruck jener allgemeinen Scheidung der Geister zu betrachten, die seit 1935 zum Abbröckeln von ‚Taufscheinchristen' führte[23].
Ein Blick auf die Osterkommunion-Statistik bestätigt diese Annahme. Ihr zufolge kamen in den Jahren 1934 bis 1936 jeweils über 62 von Hundert der deutschen Katholiken ihrer Osterpflicht nach, ein Prozentsatz, der 1937 und 1938 nur geringfügig unterschritten wurde (61,7 bzw. 61,6 Prozent). Die gleiche Tendenz ergab auch die Zählung der Sonntagsmeßbesucher, doch liegen hierfür nicht aus allen deutschen Diözesen Angaben vor. Zusammenfassend kann demnach festgestellt werden, daß das „statistisch registrierbare Verhalten des deutschen Katholizismus ... durch die gewaltigen propagandistischen Anstrengungen in den Jahren 1936/37 nicht schwerwiegend oder gar einschneidend ver-

23 Vgl. H. G. Hockerts, Sittlichkeitsprozesse, S. 186f.

ändert worden" ist. Es „erwies sich vielmehr als bemerkenswert stabil"[24].

Der statistische Befund wird durch zeitgenössische Berichte bestätigt. Sie zeigen, daß der propagandistische Offensivstoß der Partei bei der Masse des Kirchenvolks auf wachsendes Mißtrauen stieß, weil die Gläubigen, wie es in einem der typischen Lageberichte hieß, überzeugt waren, „daß der Kampf nicht mehr dem politischen Katholizismus, sondern der Religion selbst gelte"[25]. Insofern war man auch hellhörig geworden gegenüber allen Versuchen, den Einfluß der christlichen Kirchen aus den (Bekenntnis-)Schulen zu verdrängen. Besonders nachhaltig haben sich die spontanen Protestaktionen der Oldenburger Bauern dem Gedächtnis eingeprägt, mit denen sie im November 1936 die Rückkehr der Kreuze (und Lutherbilder) in die Schulen erzwangen.

Proteste und vereinzelte demonstrative Aufläufe sind auch für andere Teile des Reiches bezeugt, vornehmlich in ländlich-agrarisch strukturierten Gebieten, wo erfahrungsgemäß Kirchentreue und Beharrungsvermögen besonders ausgeprägt sind.

Bedeutsamer waren jedoch kirchliche Schulabstimmungen, wie sie etwa im Frühjahr 1937 in Teilen der Erzdiözese Köln, im Februar 1939 dann in sämtlichen Pfarreien der Bistümer Köln, Aachen und Münster durchgeführt wurden. Daß mehr als 85 Prozent der erwachsenen stimmberechtigten Kirchenbesucher, also über 2 ¼ Millionen westdeutscher Katholiken, für die Bekenntnisschule und damit gegen den erklärten Willen der Reichsregierung votierten, übertraf alle Erwartungen.

Von ungebrochener Glaubenstreue zeugte schließlich auch die hohe Beteiligung an religiösen Großveranstaltungen. Der Zufall wollte es, daß die beiden herausragenden Kundgebungen, die Bamberger Doppelfeier vom 9. Mai 1937 und die Aachener Heiligtumsfahrt vom 10. bis 25. Juli 1937, in die Wochen heftigster Anfeindungen fielen. Um so beeindruckender waren Zahl und Haltung der Teilnehmer: Mehr als 60000 strömten in Bamberg zusammen, um aus Anlaß der 700-Jahr-Feier der Domweihe und

24 Vgl. ebenda S. 188ff.

25 Vgl. H. Witetschek, Regierungspräsidentenberichte I, S. 153.

des 25jährigen Bischofsjubiläums von Erzbischof Hauck „ein Zeugnis der Treue zur Kirche" zu geben[26]. Es verdient schon allein deshalb besonders beachtet zu werden, als die Teilnahme an öffentlichen Glaubensveranstaltungen inzwischen ein hohes Maß an Standfestigkeit voraussetzte, da sie nicht nur als „staatsfeindlicher Akt" ausgelegt werden, sondern auch große berufliche Nachteile nach sich ziehen konnte.
Ein jeden Vergleich übersteigendes Ereignis wurde im Juli 1937 die Aachener Heiligtumsfahrt. Ungeachtet aller widrigen Umstände waren gegen 800000 Menschen aus allen Teilen Deutschlands zusammengeströmt, wobei schon für zeitgenössische Beobachter feststand: Nicht die Heiligtümer konnten diese Massen angelockt haben, sondern nur der Wille zum Bekenntnis des heftig befehdeten Glaubens, zum „stummen Protest"[27]. Zwei besonders charakteristische Verhaltensweisen, die sich vor allem in Aachen beobachten ließen, unterstreichen diesen Eindruck: die Unterbrechung von Predigten durch lauten Beifall und „eine wachsende Neigung, die Bischöfe in der Öffentlichkeit mit Ovationen zu empfangen"[28]. Zu Recht ließ sich daher nach dem ersten Halbjahr 1937 das Fazit ziehen: „Die Schwankenden fallen ganz ab, die Treuen werden um so treuer"[29].

Im Zweiten Weltkrieg

Um die Jahreswende 1938/39 war die Kirche weitestgehend auf den sakralen Bereich zurückgedrängt. Die kirchlichen Verbände und Organisationen, seit der „Machtübernahme" stärkstem Druck und schleichender Auszehrung unterworfen, hatten stark an Bedeutung verloren, so daß die zahlreichen staatspolizeilichen Auflösungsverfügungen, die vor allem in die Jahre 1937 bis 1939

26 So Kardinal Faulhaber, zitiert bei H. G. Hockerts, Sittlichkeitsprozesse, S. 205.
27 So der Titel einer Untersuchung von P. Emunds.
28 Vgl. H. G. Hockerts, Sittlichkeitsprozesse, S. 203.
29 So die Kölner Kirchenzeitung, zitiert bei U. v. Hehl, Erzbistum Köln, S. 173.

fielen, nur einen seit langem erwarteten Schlußstrich zogen. Der Klerus stand unter scharfer Beobachtung; seine Predigten wurden auf „staatsfeindliche Äußerungen" hin überwacht, und die Gestapo sorgte durch harte Maßnahmen für äußerliche Ruhe.

Seit September 1939 bestimmte der Krieg das gesamte Leben in Deutschland. Schon bald beeinträchtigten Einberufungen, Massenevakuierungen aus frontnahen oder gefährdeten Gebieten und eine auf Arbeits- und Militärdienst sowie Kinderlandverschikkung beruhende „Wanderbewegung" der Jugend das kirchliche Leben und stellten an die traditionelle Seelsorge kaum lösbare Anforderungen.

Immerhin stimmte die Bischöfe zuversichtlich, daß der Klerus geschlossen und anpassungsfähig hinter ihnen stand und die „Treue und Opferwilligkeit" „breite[r] Schichten des katholischen Volkes" sich auch im Kriege „bestens" bewährte[30].

Während zunächst aber manches auf einen kirchenpolitischen Burgfrieden hingedeutet hatte, lieferte die Kriegslage doch schon bald beängstigend viele Vorwände, um den kirchlichen Wirkungsbereich noch weiter einzuschränken. Besonderes Aufsehen erregte ein großangelegter Raubzug von Partei und Gestapo, dem während des ersten Halbjahres 1941 mehr als 120 Klöster, Ordenskomplexe und kirchliche Anstalten zum Opfer fielen. Übereinstimmend betonen zahlreiche Stimmungs- und Lageberichte, daß der „Klostersturm" „im höchsten Maße den Unwillen der katholischen Bevölkerung" hervorrief[31] und umlaufende Gerüchte ins Uferlose steigen ließ. Auch die gleichzeitig vorangetriebene „Euthanasie-Aktion", also die Massentötung sogenannten lebensunwerten Lebens, löste weit über den Kreis der Betroffenen hinaus heftige Unruhe aus. Es ist für die Stimmung im Kirchenvolk, aber auch unter zahllosen Frontsoldaten ungemein bezeichnend, daß sich die Kunde von Bischof Galens berühmten drei Kanzelprotesten vom Sommer 1941 wie ein Lauffeuer verbreitete und Tausende Abschriften seiner Predigten kursierten.

30 So Kardinal Schulte, zitiert ebenda S. 206.
31 Vgl. M. G. Steinert, Hitlers Krieg, S. 176.

Hatten Kritik oder Mißstimmung in den ersten Kriegsjahren durch Hitlers „Blitzsiege" relativ leicht überlagert werden können, so brachten das sinkende Kriegsglück in Rußland, die zunehmenden Fliegerangriffe und die angespannte Versorgungslage seit 1943 eine Wende zu innerer Unzufriedenheit. Sie verdichtete sich zwar nicht zu oppositioneller Grundeinstellung, wirkte sich aber längerfristig zugunsten der Kirche aus. „Jedenfalls wird die alte Erfahrung hundertfach bestätigt", kommentierte die NS-Parteikanzlei, „daß Zeiten der Not für die Kirche Zeiten der Ernte sind"[32].

Unmutsäußerungen oder gar Protestaktionen waren allerdings sehr enge Grenzen gesetzt. Schon wenige Tage nach Kriegsbeginn hatte ein staatspolizeilicher Erlaß lapidar gefordert: „Jeder Versuch, die Geschlossenheit und den Kampfwillen des deutschen Volkes zu zersetzen, ist rücksichtslos zu unterdrücken"[33]. Daher konnte jede noch so harmlose regimekritische Äußerung eine große, unmittelbare Gefährdung bedeuten, doch muß auch eine andere, eher psychologische Hemmschwelle genannt werden, die der Apostolische Nuntius Orsenigo folgendermaßen umschrieben hat: „Solange der Kampf nur um die Innenpolitik des Landes ging, war es für jeden leicht, zwischen antinationalsozialistischer und staatsfeindlicher Haltung zu unterscheiden ... Heute, wo es um die Außenpolitik geht, ist diese Unterscheidung wesentlich schwieriger; nur wenige verstehen, daß man gegen Hitler sein kann, ohne gegen den Staat zu sein, d. h. ohne Vaterlandsverräter zu sein ..."[34].

Würdigung

Mit dem von Orsenigo aufgezeigten Spannungsverhältnis wird nicht nur erklärt, warum oppositionelle Regungen unter dem Druck des Krieges so existentiell schwierig waren, sondern zu-

32 Zitiert ebenda S. 390.
33 Zitiert ebenda S. 95.
34 Zitiert ebenda S. 95f.

gleich die grundsätzliche Frage aufgeworfen, wie der katholische Widerspruch gegen den Nationalsozialismus zu bewerten ist.

Folgt man den zahlreichen Äußerungen der Partei und ihrer Überwachungsorgane, so ist die Antwort einfach: Sie werteten die Glaubenstreue des Kirchenvolks als Beeinträchtigung ihres Totalitätsanspruchs und damit als staatsfeindlichen Akt und sprachen folgerichtig von „Widerstand". In ideologischem Nebel befangen, verknüpften sie „Staatstreue" mit Zustimmung zur NS-Weltanschauung und übersahen das Faktum, daß der einzelne Christ als „Bürger zweier Welten" in Wirklichkeit „gespalten" war.

Denn wie eindeutig sich die Gläubigen mit den Forderungen der Kirche identifizieren mochten, sie waren doch zugleich auch loyale Staatsbürger und als solche beeinflußt „von den großen nationalen Strömungen" und Empfindungen der Zeit[35]. Insofern entfiel auch der spezifisch „katholische" Solidarisierungseffekt, wie ihn sechzig Jahre zuvor der Kulturkampf hervorgebracht hatte. Man war jetzt weniger in konfessioneller als in grundsätzlich religiöser Hinsicht herausgefordert, und daher mußte auch die Antwort vorwiegend aus dem Glauben gegeben werden.

Niemand verstand dieses Dilemma besser für seine Zwecke zu nutzen als Adolf Hitler. Er konnte davon ausgehen, daß ungeachtet aller Unzufriedenheit mit kirchenpolitischen Maßnahmen des Regimes die Masse des Kirchenvolks, wenn auch nicht hinter dem Nationalsozialismus, so doch hinter ihm stand. Der allgemein herrschende Führerkult hatte natürlich eine wesentliche Ursache in den großen Erfolgen der Hitlerschen (Außen-)Politik. Die Rückgliederung des Saarlandes etwa oder der „Anschluß" Österreichs sicherten dem „Führer" auch im katholischen Bevölkerungsteil eine kaum noch überbietbare Popularität. Gerade die Saarabstimmung vom 13. Januar 1935 zeigte: Trotz aller Kritik am kirchenfeindlichen Kurs des Regimes war die Vaterlandsliebe bei Bischöfen, Klerus und Kirchenvolk zu tief verwurzelt, als daß man seine grundsätzliche Entscheidung für Deutschland „von ei-

35 Vgl. W. Adolph, Hirtenamt, S. 63.

ner vorübergehenden innenpolitischen Konstellation abhängig" gemacht hätte[36].

Die prinzipielle Staatstreue der Katholiken entsprang aber nicht nur patriotischen Gefühlen, sondern hatte auch eine religiöse Wurzel. Nach kirchlicher Lehre war sie eine Forderung des Glaubens und des Gewissens, die unabhängig vom „Wohlverhalten" des Staates bestand. Daher protestierte der Episkopat zwar gegen die Übergriffe des Regimes, hielt die Gläubigen aber zugleich zu loyaler Erfüllung ihrer staatsbürgerlichen Pflichten an. Umgekehrt sind die Kundgebungen und Abwehrmaßnahmen immer auch durch die Frage mitbestimmt, bis zu welchem Grade ihnen das Kirchenvolk folgen könnte und würde. Verglichen mit der faktischen Allmacht des Regimes, schienen die eigenen Möglichkeiten viel zu beschränkt, als daß sich der Episkopat nicht zu der Schlußfolgerung gezwungen gesehen hätte, den Gläubigen die Entscheidung des Entweder – Oder zu ersparen.

Das Dilemma eines jeden Christen – in Loyalität einer Staatsführung ergeben zu sein, deren Politik in wichtigen Punkten den Widerspruch des Gewissens herausforderte – erwies sich für die meisten als nicht lösbar. Die Masse der Gläubigen suchte Krieg und Regime denn auch in stummer Abwehrhaltung und Überlebenshoffnung zu überstehen. Ihre Haltung umschrieb der Kölner Erzbischof Frings nach Kriegsende zutreffend: Sie hätten durch ihr Bekenntnis einen zwar stillen, doch wohlverstandenen Protest gegen Dinge eingelegt, die zu ändern in ihrer Macht nicht gestanden habe[37].

Politischer Widerstand oder oppositionelles Handeln haben demnach nicht Aufgabe des Kirchenvolks sein können, sondern blieben immer der persönlichen Gewissensprüfung des Einzelchristen vorbehalten. Allerdings zeigt die große Zahl der NS-Opfer, daß dieser Entscheidung nicht ausgewichen wurde. Viele katholische Christen, unter besonderen Umständen herausgefordert, sind der Stimme ihres Gewissens gefolgt und haben ihre Überzeugung nicht verleugnet.

36 Vgl. M. Zenner in Th. Schieder (Hrsg.), Handbuch der europäischen Geschichte, Bd. 7, Stuttgart 1979, S. 593.

37 Zitiert bei U. v. Hehl, Erzbistum Köln, S. 247.

Eine erste größere Übersicht katholischer Blutzeugen führt nahe an 200 männliche Opfer der NS-Justiz auf, Priester wie Laien, doch liegt ihre tatsächliche Anzahl mit Sicherheit erheblich höher[38]. Ein Hinweis könnte immerhin sein, daß nach einer vorläufigen Erfassung aus dem Jahre 1946 allein für das Bistum Münster 246 umgekommene und 673 von sonstigen Zwangsmaßnahmen des Regimes betroffene katholische Laien ermittelt wurden[39].

Auch die Totenliste des 20. Juli 1944 nennt katholische Christen an maßgeblicher Stelle. Namen wie Graf Stauffenberg, Pater Delp und Joseph Wirmer oder führende Mitglieder der Katholischen Arbeiterbewegung wie Verbandspräses Otto Müller und die Arbeitersekretäre Nikolaus Groß und Bernhard Letterhaus können nur stellvertretend für viele andere genannt werden. Bekannt sind auch die Aktionen der Widerstandsgruppe „Weiße Rose“, deren Mitglieder größtenteils aus der katholischen Jugendbewegung hervorgegangen sind.

NS-Opfer wie die vorstehenden, zu denen noch viele weitere Einzelfälle gezählt werden könnten, zeigen jedoch nur die Spitze eines Eisbergs; die meisten Schicksale haben sich in großer Anonymität abgespielt. Welche Ergebnisse bei intensiver Nachforschung zu erwarten sind, beleuchten die folgenden Beispiele: Von den 447 deutschen Geistlichen, die während des Krieges in das Konzentrationslager Dachau eingeliefert wurden, waren 411 katholisch; viele von ihnen sind umgekommen[40]. Nach noch unvollständigen Ermittlungen waren 275 Priester des Bistums Passau, über 550 Welt- und Ordensgeistliche der Diözese Trier, mehr als 280 Seelsorger des Bistums Speyer, etwa 400 Priester der Erzdiözese Freiburg, ca. 300 Priester und Ordensangehörige des Bistums Rottenburg und eine ähnlich hohe Zahl von Regensburger Diözesanpriestern während der NS-Herrschaft von Zwangsmaßnahmen betroffen, was einem Mittelwert von einem Drittel

38 Vgl. Unseren Toten von 1933 bis 1945, Fulda 1964.

39 Kopie: Kommission für Zeitgeschichte, Bonn.

40 Vgl. E. Weiler, Die Geistlichen in Dachau; G. Kimmel, Das Konzentrationslager Dachau, in: Bayern in der NS-Zeit, Bd. II, S. 349–413.

des Klerus der sechs Diözesen entspricht[41]. Für das Erzbistum Paderborn sind sogar mehr als die Hälfte des Weltklerus, nämlich 897 Fälle, ermittelt[42].

Die Vergehen der Gemaßregelten reichten von verbotswidriger Betätigung im katholischen Vereinswesen bis zu aktiver Hilfe für politisch oder rassisch Verfolgte, von vergleichsweise harmlosen regimekritischen oder „defätistischen" Äußerungen und „Kanzelhetze" bis zur Mitwisserschaft oder gar Teilnahme an der politischen Widerstandsbewegung. Entsprechend weit spannte sich auch der Bogen der (staatspolizeilichen) Vergeltungsschläge: Verwarnungen, Geldstrafen, Predigt- und Aufenthaltsverbote, Ausweisungen, Mißhandlungen, Schutz- oder Gefängnishaft, KZ-Einweisung, Hinrichtung, Ermordung.

Sind statistische Übersichten über den – immerhin leichter überschaubaren – Bereich katholischer Priester bislang nur in ersten Ansätzen vorhanden, so fehlen sie für den Bereich der verfolgten Laien völlig. So wissen wir nicht, jeweils von Ausnahmen abgesehen, wieviele Katholiken zur Emigration gezwungen waren, wissen nicht, wieviele gerade auch unter den ehemaligen Zentrumspolitikern oder christlichen Gewerkschaftlern wegen ihrer Glaubens- und Überzeugungstreue berufliche Nachteile, Schikanen oder Gestapo-Willkür in Kauf nehmen mußten. Treffend ist daher auch von einem „lautlosen Aufstand" gesprochen worden[43].

Ebensowenig kann abschließend die Frage beantwortet werden, inwieweit die vielen bekannten und unbekannten Opfer des NS-Terrors für ihr Verhalten bei Kirchenführung und Mitchristen Verständnis, Anerkennung und Hilfe gefunden haben. Insofern appellierte Theophil Herder-Dorneich, der Präsident des 72. Deutschen Katholikentages, an die Gewissenserforschung des

41 Errechnet nach Unterlagen der Kommission für Zeitgeschichte, Bonn.

42 Vgl. G. Baumjohann, Weltpriester des Erzbistums Paderborn in der Auseinandersetzung mit dem Nationalsozialismus, in: Paderbornensis Ecclesia (= Festschrift Lorenz Kardinal Jaeger), München–Paderborn–Wien 1972, S. 711–746.

43 So der Titel einer Untersuchung von G. Weisenborn.

Einzelchristen, wenn er 1948 in Mainz feststellte: „Die Mehrzahl der erwachsenen einsichtigen Katholiken weiß um die eigene persönliche Schuld. Viele waren verblendet und unterschieden nicht mehr genug zwischen der Selbstbehauptung unseres Volkes und dem Willen zur Macht. Die Herzen vieler von uns waren verhärtet gegenüber den unschuldig Leidenden, und viele unterlagen dem Mangel an Mut.[44]"

Hier hatte jeder Christ nach Kriegsende mit sich selbst ins reine zu kommen.

44 Vgl. Der Christ in der Not der Zeit. Der 72. Deutsche Katholikentag vom 1. bis 5. September 1948 in Mainz, Paderborn 1949, S. 291.

Burkhard van Schewick
Katholische Kirche und nationalsozialistische Rassenpolitik

Rassen-Antisemitismus und Kirche vor der ‚Machtergreifung'

„Politik ist die Kunst der Durchführung des Lebenskampfes eines Volkes um sein irdisches Dasein. [...] Außenpolitik ist die Kunst, einem Volke den jeweils notwendigen Lebensraum in Größe und Güte zu sichern. Innenpolitik ist die Kunst, einem Volke [...] den dafür notwendigen [...] Machteinsatz in Form seines Rassenwertes und seiner Zahl zu erhalten"[1].
So formulierte Hitler im Jahr 1928 die Grundmaximen seines politischen Denkens. Für Hitler war das Leben Kampf, in dem einzig das Recht des Stärkeren galt. Kontrahenten in diesem unaufhörlichen Ringen seien die verschiedenen menschlichen Rassen. Nun standen nach den Vorstellungen Hitlers die verschiedenen Rassen nicht gleichwertig nebeneinander. An der Spitze stände die indogermanische Rasse, die Arier, auf die fast all das, was man „an menschlicher Kultur, an Ergebnissen von Kunst, Wissenschaft und Technik" besitze, zurückgehe. Daraus folgerte Hitler, der Arier allein sei „der Begründer höheren Menschentums", mithin der „Urtyp" des Menschen[2]. „Den gewaltigsten Gegensatz zum Arier" bilde der Jude[3]. Er sei der Parasit, der Zersetzer, das Böse schlechthin. Deshalb müsse es Aufgabe des Staates sein, den Einfluß ‚artfremder' Menschen auf das Gemeinschaftsleben auszuschalten und zur Hebung des ‚Rassenwertes' des eigenen Volkes durch Züchtung des ‚Neuen Menschen' beizutragen. Am Ende sollte der „germanische [...] Staat deutscher Nation" stehen[4].

1 Vgl. Gerhard L. Weinberg (Hrsg.), Hitlers Zweites Buch. Ein Dokument aus dem Jahre 1928, Stuttgart 1961, S. 62
2 Adolf Hitler, Mein Kampf, München 1935, S. 317.
3 Vgl. ebenda, S. 329.
4 Vgl. ebenda, S. 362.

In politische Forderungen umgesetzt waren diese Vorstellungen im Programm der NSDAP vom 24. Februar 1920, an dessen Entstehung Hitler maßgeblich beteiligt war. Danach sollte nur Staatsbürger sein, wer „deutschen Blutes" sei. Alle anderen, vor allem die Juden, sollten unter Fremdenrecht gestellt werden, kein öffentliches Amt bekleiden dürfen und jeden Einfluß auf die Presse verlieren. Eine Einwanderung solcher Personen sollte verhindert und diejenigen, die nach Beginn des Ersten Weltkrieges eingewandert waren, zum Verlassen Deutschlands gezwungen werden. Sollte diese Partei jemals die Macht im Staate gewinnen – soviel war in der Weimarer Zeit erkennbar –, dann hatten die Menschen ‚artfremden Blutes', wozu sicher die Juden gehörten, Benachteiligungen und Pressionen zu gewärtigen. Einen Plan, die „Gegenrasse" durch physische Ausrottung zu vernichten, hat es aber trotz des Judenhasses Hitlers und seiner Parteigänger in dieser Phase offensichtlich noch nicht gegeben[5].
Nun war der Rassen-Antisemitismus, wie ihn die NSDAP vertrat, kein nur auf Deutschland beschränktes Phänomen[6]. Es gab vielerorts starke judenfeindliche Tendenzen: in Osteuropa, in Österreich, in Frankreich und auch anderswo, und es gab auch eine traditionelle judenfeindliche Haltung im Katholizismus[7]. Diese Haltung wird von einem Teil der heutigen Geschichtswissenschaft nicht als Antisemitismus, sondern als Antijudaismus bezeichnet, weil sie sich vom (Rassen-)Antisemitismus trotz mancher Berührungspunkte in ihrer Begründung erheblich unterschied. Sie wurzelte nicht in biologischen Vorstellungen, sondern in religiösen, die oft durch soziale und wirtschaftliche Motive verstärkt wurden; sie war viel älter als der neue Antisemitismus, der im späten 19. Jahrhundert aufgekommen ist und sich vom Antijudaismus durch eine unvergleichlich größere Radikalität unterschied; sie machte vor allem aus dem biologischen Phänomen der Rasse keinen obersten Wertmaßstab, aus dem die grund-

5 Vgl. hierzu U. D. Adam, Judenpolitik, S. 24–38 und S. 357f.
6 Zum Rassismus vgl. G. L. Mosse, Rassismus.
7 Vgl. hierzu R. Lill in K. H. Rengstorf, S. v. Kortzfleisch, Kirche und Synagoge II.

legenden Konsequenzen für das Zusammenleben der Menschen in Gesellschaft und Staat abgeleitet worden wären. Antisemitismus und Antijudaismus waren also nicht das gleiche.
Dennoch begünstigte auch die Existenz des katholischen Antijudaismus (den es ähnlich auch im Protestantismus gab) das gefährliche Anschwellen des Rassen-Antisemitismus im 20. Jahrhundert. Dies hat von den Päpsten zuerst Pius XI. (1922–1939) erkannt und gegenzusteuern versucht[8]. Er hat bereits 1928 den Rassismus wie den Antijudaismus eindeutig und öffentlich verurteilt. Ein Dekret des Hl. Offiziums erinnerte daran, daß der Hl. Stuhl auch früher die Juden gegen ungerechte Mißhandlungen in Schutz genommen habe, und wie der Papst „alle Mißgunst und Feindschaft zwischen den Völkern verurteilt, so verurteilt er besonders den Haß gegen das einst von Gott auserwählte Volk, jenen Haß, der jetzt gewöhnlich ‚Antisemitismus' genannt wird"[9]. Ebenso haben die deutschen und österreichischen Bischöfe den Rassen-Antisemitismus vor und nach 1933 eindeutig verurteilt. In den Hirtenbriefen, mit denen sie Anfang der dreißiger Jahre vor dem erstarkenden Nationalsozialismus warnten, nahm die Ablehnung der Rassen-Ideologie eine entscheidende Stelle ein[10].

Erste Maßnahmen der Rassenpolitik 1933/34

Bis zu Hitlers Machtergreifung folgten die Katholiken den bischöflichen Warnungen und Verboten und lehnten den Nationalsozialismus mit „eindrucksvoller Geschlossenheit" ab[11]. Unübersichtlicher wurden die Verhältnisse erst, als aus der „lehramtlich verurteilten Bewegung die legale staatliche Obrigkeit" wurde, der man nach katholischer Lehre Gehorsam schuldete[12]. Das galt um so mehr, als

8 Vgl. R. Lill in K. H. Rengstorf, S. v. Kortzfleisch, Kirche und Synagoge II, S. 364f.
9 Zitiert nach ebenda, S. 365.
10 Vgl. L. Volk, Kirche, S. 544.
11 Vgl. K. Scholder, Kirchen, S. 166–170.
12 Vgl. U. v. Hehl, Katholische Kirche, S. 241.

Hitler erklärte, „im Christentum die unerschütterlichen Fundamente des sittlichen und moralischen Lebens unseres Volkes“ zu sehen. Die Bischöfe nahmen deshalb mit ihrer Kundgebung vom 28. März 1933 die „allgemeinen Verbote und Warnungen“ bezüglich der NSDAP zurück. Daß die Bischöfe ausdrücklich die „Verurteilung bestimmter religiös-sittlicher Irrtümer“ nicht aufgehoben hatten, wurde dabei in der nationalen Aufbruchsstimmung weithin übersehen[13]. Zu diesen nach wie vor verurteilten Irrtümern gehörte, das wurde sehr bald deutlich, die Rassenlehre. Denn ungeachtet der eigenen Friedensbeteuerungen forderten die Nationalsozialisten ein ‚artgerechtes‘ Christentum, für das sie mit der Formel ‚positives Christentum‘ warben. Damit sollte die Rassenideologie auch zum Prinzip der Religion gemacht werden. Für die Kirche waren diese vor allem von Alfred Rosenberg, dem Parteidogmatiker der NSDAP, propagierten Gedanken mit dem Christentum unvereinbar. Unter dem Schlagwort ‚Neuheidentum‘ hat sie auch deshalb in den zwölf Jahren der NS-Herrschaft gegen die Verabsolutierung des Rassengedankens gekämpft. In den Augen der Machthaber wurde sie damit zur Hauptgegnerin der NS-Weltanschauung überhaupt[14].
War es nach der Machtergreifung schon zu verschiedenen unkoordinierten Terrormaßnahmen gegen jüdische Bürger gekommen, so brachte der 1. April 1933 einen von Hitler selbst initiierten reichsweiten Boykott. Die Bevölkerung hat auf diesen von SA und Partei getragenen Terror mit Ablehnung oder Desinteresse reagiert. Provozierte der offene Terror vielfach auch offene Ablehnung, so erregten die gleichzeitig erlassenen antijüdischen Gesetze und Rechtsvorschriften, die eine wesentlich einschneidendere, weil dauerhaftere Wirkung hatten, kaum Widerspruch in der Bevölkerung. Offensichtlich war man eher bereit, scheinbar legale Maßnahmen zu akzeptieren, als physische Verfolgung zu dulden[15].

13 Zur Rede Hitlers und der bischöflichen Erklärung vgl. ebenda, S. 32–37 und S. 251–253.

14 Zum Weltanschauungskampf vgl. R. Baumgärtner, Weltanschauungskampf.

15 Zur Haltung der Bevölkerung gegenüber der Judenverfolgung vgl.

Am weitesten ging in dieser Hinsicht das ,Gesetz zur Wiederherstellung des Berufsbeamtentums' vom 7. April 1933. Dieses Gesetz, das sich u. a. auch gegen die Zentrums-Beamten richtete, bot die Handhabe, alle Beamten „nicht arischer Abstammung" aus dem Dienst zu entfernen[16]. Daß auch der als ,Nichtarier' galt, der jüdische Eltern oder Großeltern hatte, war in der Durchführungsverordnung festgelegt[17]. Damit wird ein Grundzug der NS-Judenpolitik faßbar: Sie richtete sich nicht nur gegen Menschen, die sich zur jüdischen Religion bekannten, sondern – aus der Sicht der aberwitzigen Rassenlehre folgerichtig – gegen alle ,Nichtarier jüdischer bzw. minderwertiger Rasse'. Damit aber waren auch katholische und evangelische Christen, deren Eltern oder Großeltern von der jüdischen Religion konvertiert waren, der Verfolgung ausgesetzt. Viele in- und ausländische Zeitgenossen haben ebenso wie zahlreiche heutige Kritiker diesen Zusammenhang nicht erkannt. Wie man in den dreißiger Jahren vielfach nur von der Verfolgung der Juden sprach und dabei Glaubens-Juden meinte, so übersehen diejenigen, die heute davon ausgehen, die Kirche habe die Verfolgung als Problem einer fremden Gruppe – eben der Juden – angesehen, daß auch Katholiken betroffen waren. Daß diese ,katholischen Nichtarier' – „Bastarde" wie Hitler sie nannte[18] – kaum ein besseres Los als ihre jüdischen Schicksalsgenossen haben würden, lag auf der Hand. Die Bischöfe waren sich des Unrechts, das an Juden und christlichen ,Nichtariern' sowohl mit physischer Gewalt als auch mit rechtlichen Mitteln verübt wurde, bewußt. Auch wurden sie intern, aber sehr nachdrücklich, zu öffentlichem Protest gegen diese Maßnahmen aufgefordert. So schrieb der Dominikanerpater Stratmann an Kardinal Faulhaber: „Wir wissen, daß ein ungewöhnlicher Mut dazu gehört, jetzt für die Wahrheit Zeugnis abzulegen, aber wir

I. Kershaw in M. Broszat, E. Fröhlich, Bayern in der NS-Zeit II und L. D. Stokes in Central European History VI.

16 RGBl. I, S. 175–177. Vgl. hierzu U.D. Adam, Judenpolitik, S. 51–64.

17 RGBl. I, S. 195.

18 Zu Hitlers Vorstellungen über „rassische Reinheit" vgl. etwa A. Hitler, Mein Kampf, S. 441–445.

wissen auch, daß nur so Menschlichkeit und Christentum gerettet werden können. Am Opportunismus geht das echte Christentum zugrunde"[19]. Diese Appelle sind nicht einfach in den Wind geschlagen worden. Es gibt einige öffentliche Andeutungen von bischöflicher Seite aus dieser Zeit. Die deutlichste Stellungnahme findet sich in einem Fuldaer Hirtenbrief vom Juni 1933, wo es heißt, „daß bei der Zugehörigkeit zu einem Staatswesen die ausschließliche Betonung der Rasse und des Blutes zu Ungerechtigkeiten" führe [20]. Dies war eine Distanzierung, aber kein kompromißloser Einspruch[21].

Warum haben die Bischöfe nicht deutlicher gegen diese Maßnahmen, die sie selbst für unchristlich hielten, protestiert? Gefährlicher noch als die antijüdischen Maßnahmen schienen ihnen zwei Tendenzen zu sein: *Zum einen* war die Kirche selbst unmittelbar bedroht, und man befürchtete, daß bei einem offenen Eintreten für die aus ihren Stellungen Entfernten „der Kampf gegen die Juden zugleich ein Kampf gegen die Katholiken" werden würde [22]. Diese Verschärfung des Kirchenkampfes war man um so weniger bereit auf sich zu nehmen, als „bei einer Hetze gegen die Katholiken oder gegen den Bischof [...] kein Mensch gefragt [habe], was man gegen diese Hetze tun könne"[23]. Ganz offensichtlich wurden hier Erinnerungen und Ressentiments aus der Zeit des Kulturkampfes wieder wach. *Zum anderen* waren für die Bischöfe die bisherigen Pressionen nicht die gefährlichsten Konsequenzen der NS – Rassenideologie. Als weit bedrohlicher sahen sie Bestrebungen an, die schließlich im Sommer 1933 zu dem „Gesetz zur Verhütung erbkranken Nachwuchses" führten[24]. Die in diesem

19 Stratmann an Faulhaber, 10. April 1933. L. Volk, Faulhaber I, Nr. 304, S. 709–711.

20 Gemeinsamer Hirtenbrief der Oberhirten der Diözesen Deutschlands: Wegweisungen, Wünsche, Forderungen für die neue Zeit, 3. Juni 1933. W. Corsten, Kölner Aktenstücke, Nr. 9, S. 5–11, hier S. 8.

21 Vgl. K. Scholder, Kirchen, S. 499f.

22 Faulhaber an Pacelli, 10. April 1933. Zitiert nach L. Volk, Der bayerische Episkopat, S. 78.

23 Faulhaber an Wurm, 8. April 1933. L. Volk, Faulhaber I, Nr. 300, S. 705.

24 RGBl. I, S. 529.

Gesetz vorgesehene Zwangssterilisation von Menschen, die an Erbkrankheiten wie z. B. manisch-depressivem Irresein litten, griff ganz unmittelbar in die körperliche Unversehrtheit ein und bedeutete nicht ‚nur' soziales oder staatsbürgerliches Unrecht. Über Jahre hinweg haben die Bischöfe daher versucht, durch öffentliche Mahnungen und interne Eingaben eine Besserung oder wenigstens Milderung für die bedrohten Menschen herbeizuführen[25].

Die Vernichtung der Lebensgrundlage der Juden 1935–1939

Wenn sich die Bischöfe auch bezüglich der Zwangssterilisierung exponierten und verschiedentlich die nationalsozialistische Rassenlehre öffentlich verurteilten, so blieb der ‚flammende Protest' gegen die Diskriminierung und Entrechtung der jüdischen Bürger doch aus. Selbst die Nürnberger Rassengesetze, die 1935 eine deutliche Verschärfung der Judenverfolgung einleiteten, haben zunächst zu keinem unmißverständlichen Einspruch geführt[26]. Allerdings haben diese Gesetze – darauf deutet eine neuere Untersuchung für Bayern hin – offensichtlich auch nicht die Bürger aufgeschreckt[27]. Daß mit diesen Rechtsvorschriften Juden zu Bürgern zweiter Klasse gemacht wurden und ihnen die Eheschließung mit „Staatsangehörigen deutschen oder artverwandten Blutes" verboten wurde – um nur zwei Bestimmungen zu nennen –, ist weithin widerspruchslos hingenommen worden.
Deutlichere Worte in dieser Frage fand erst Pius XI. in seiner Enzyklika „Mit brennender Sorge" (1937). In dieser Generalabrechnung mit dem Nationalsozialismus, die von deutschen Bischöfen angeregt worden war, ging er auch auf die Rassenpolitik ein[28]. Er

25 Zur Haltung der Kirche vgl. K. Nowak, „Euthanasie", S. 106–119.
26 Reichsbürgergesetz vom 15. September 1935. RGBl. I, S. 1146. Gesetz zum Schutze des deutschen Blutes und der deutschen Ehre vom 15. September 1935. RGBl. I, S. 1146f.
27 I. Kershaw in M. Broszat, E. Fröhlich, Bayern in der NS-Zeit II, S. 297f.
28 Enzyklika Papst Pius XI. über die Lage der katholischen Kirche im

sagte: „Wer die Rasse, oder das Volk, oder den Staat, oder die Staatsform, die Träger der Staatsgewalt oder andere Grundwerte menschlicher Gemeinschaftsgestaltung – die innerhalb der irdischen Ordnung einen wesentlichen und ehrengebietenden Platz behaupten – aus dieser ihrer irdischen Wertskala herauslöst, sie zur höchsten Norm aller, auch der religiösen Werte macht und sie mit Götzenkult vergöttert, der verkehrt und fälscht die gottgeschaffene und gottbefohlene Ordnung der Dinge". Wie sehr dieses Problem dem Papst am Herzen lag, wurde ein Jahr später deutlich. Unter Bezug auf die Kritik des Papstes an den Zuständen in Deutschland anläßlich der Weihnachtsansprache 1937 beauftragte die Studienkongregation, die vatikanische Zentralbehörde für die kirchlichen Forschungs- und Lehrinstitutionen, im April 1938 alle katholischen Universitäten und Fakultäten, „ihre ganze Sorge und Kraft der Verteidigung der Wahrheit gegen die umlaufenden Irrtümer" der Rassen-Ideologie, die thesenförmig aufgeführt wurden, zu widmen[29].

Eine unmittelbare Auswirkung dieser römischen Anordnung war der Entwurf eines Hirtenbriefes für die Fuldaer Bischofskonferenz im Sommer 1938, der die Thesen des Dekretes breit erläuterte und dadurch die Rassen-Ideologie mit aller wünschenswerten Deutlichkeit beim Namen nannte und widerlegte [30]. Den Bischöfen lag aber zugleich ein zweiter Entwurf für ein Hirtenwort vor, in dem die Verfolgung der katholischen Kirche durch das Regime gebrandmarkt wurde. Beide Entwürfe stellten – wurden sie verlesen – eine unmißverständliche Herausforderung des Regimes dar. Die Bischöfe entschieden sich in Fulda für den Kirchenkampf-Hirtenbrief, ließen den Antirassismus-Text aber nicht fallen, sondern beschlossen, ihn dem gesamten Klerus als Richtlinie zur Benutzung mitzuteilen[31]. Offensichtlich hielt die Mehrheit der Bi-

Deutschen Reich, (14. März 1937); D. Albrecht, Notenwechsel I, Anhang Nr. 7, S. 402–443, hier S. 410.

29 Druck des Reskripts der Studienkongregation in ADSS VI Nr. 2 S. 530f und L. Volk, Bischöfliche Akten IV, Nr. 473/IIa, S. 505f.

30 Vgl. ebenda, Nr. 478, S. 564–577.

31 Protokoll der Plenarkonfrenz des deutschen Episkopats, 17.–19. August 1938. Ebenda, Nr. 473/II, S. 492.

schöfe im Sommer 1938 die Bedrohung des Christentums für so groß, daß sie ein klares Wort in dieser Frage einer öffentlichen Verurteilung des Rassismus vorzog.
Auch die Novemberprogrome von 1938 (‚Reichskristallnacht'), die zum erstenmal seit 1933 wieder reichsweit offenen Terror gegen Juden brachten, haben zu keiner Änderung dieser Haltung geführt. Das wird auch dadurch nicht verständlicher, daß in dieses antijüdische Progrom gelegentlich auch Katholiken einbezogen wurden. So wurde unter der Parole „gegen das Weltjudentum und seine schwarzen und roten Bundesgenossen" das Palais Kardinal Faulhabers in München gestürmt. Das Kirchenvolk beharrte im übrigen auf seinen sittlichen Wertmaßstäben. Ein oberbayerischer Verwaltungsbericht über die Auswirkungen der Novemberprogrome in der Bevölkerung hielt fest: „Nur die von der Kirche beeinflußten Kreise gehen in der Judenfrage noch nicht mit."

Hilfsmaßnahmen

Wenn die Bischöfe auch keine Worte lauten Protests gefunden haben, so haben sie doch die Not der Betroffenen gesehen. Seit 1933 wandten sich Katholiken, die unter die Bestimmungen der Rassengesetze fielen[32], an die kirchlichen Stellen um Hilfe. Hauptträger der kirchlichen Unterstützung waren der St. Raphaels-Verein und der Deutsche Caritasverband[33].
Der Raphaels-Verein war im Jahr 1871 zur Unterstützung katholischer deutscher Auswanderer gegründet worden. Neben dem Ge-

32 Da statistisches Material fast vollständig fehlt, kann die Zahl der Hilfsbedürftigen allenfalls vermutet werden. Nach zunächst überzogenen Schätzungen ging man in der Fuldaer Bischofskonferenz 1939 von 150000 bis 200000 von der Rassenpolitik direkt oder indirekt betroffenen Katholiken aus. Referat Bernings über den Hilfsausschuß für katholische Nichtarier, (24. August 1939). Vgl. ebenda Nr. 510/IIh, S. 684.

33 Zur Hilfstätigkeit katholischer Stellen vgl. L.-E. Reutter, dessen Dissertation 1971 gekürzt unter dem Titel „Katholische Kirche als Fluchthelfer im Dritten Reich" gedruckt worden ist.

neralsekretariat in Hamburg verfügte er im Jahr 1933 über zwei Zweigstellen in Bremen und Freiburg und über siebzig Beratungsstellen. Seine Arbeit stützte sich damit auf eine durchaus tragfähige Organisation. Im Jahr 1933 schuf der Raphaels-Verein zur Betreuung der verfolgten Katholiken eine besondere Abteilung: das „Sonderhilfswerk". In den folgenden Jahren hat der Verein eine mit den sich verschärfenden Pressionen ständig zunehmende Zahl katholischer, aber auch jüdischer und evangelischer Auswanderungswilliger betreut. Man beriet die Menschen bei der Wahl des Ziellandes, vermittelte ihnen Kontaktleute in der neuen Heimat, verschaffte die Passagemöglichkeit und erledigte einen großen Teil der Formalitäten. Das Hauptproblem dieser Arbeit war, daß die anderen Staaten – wenn überhaupt – nur sehr zögernd bereit waren, die in Deutschland Verfolgten aufzunehmen. Diese Hemmnisse versuchte man mit Hilfe des Vatikans, deutscher und ausländischer Bischöfe zu überwinden. Der Ansturm auf die Beratungsstellen des Raphaels-Vereins nahm in dem Maße zu, wie die vor allem von der SS propagierte Auswanderung der Juden zum offiziellen Ziel der NS-Rassenpolitik wurde. Hatte man die Juden nach 1935 weitgehend entrechtet und fast völlig aus der Wirtschaft ausgeschaltet, so wollte man jetzt die Ausgeplünderten ins Ausland abschieben. Am 24. Januar 1939 ordnete Hermann Göring, der Beauftragte für den Vierjahresplan, an, „die Auswanderung der Juden mit allen Mitteln zu fördern[34]".

Der Raphaels-Verein konnte so lange arbeiten, wie dies das Ziel der NS-Politik blieb. Seine vom Staat verordnete Auflösung am 25. Juni 1941 kündigte einen grundlegenden Wandel dieser Politik an. Genaue Zahlen über die Wirksamkeit des Vereins liegen nicht vor. Immerhin gibt es Anhaltspunkte: So schätzte das Generalsekretariat, „daß durch den St. Raphaels-Verein von 1934 bis 1939 10.350 Personen zur Auswanderung gebracht und 2.220 in Stellen im Ausland untergebracht wurden"[35], eine erstaunliche Leistung, wenn man die Schwierigkeiten bedenkt, die sich bei fast jedem Einzel-‚Fall' anders und neu stellten.

34 Vgl. U. D. Adam, Judenpolitik, S. 228.
35 Zitiert nach L.-E. Reutter, Katholische Kirche, S. 252.

Die unmittelbare Hilfe für die von der Ausnahmegesetzgebung Betroffenen lag beim Deutschen Caritasverband, der 1934 für diese Aufgabe – einem Beschluß der Fuldaer Bischofskonferenz folgend – das Caritas-Notwerk in Berlin schuf. Hier versuchte man vor allem, den aus ihren Berufen Verdrängten neue Stellungen zu vermitteln. Die finanzielle und caritative Unterstützung blieb im wesentlichen Aufgabe der lokalen und regionalen Caritasgliederungen. Die Zusammenarbeit zwischen Raphaels-Verein und Caritas-Notwerk war eng. Im Jahr 1935 gründete man den ‚Hilfsausschuß für katholische Nichtarier', der die Tätigkeit der beiden Organisationen koordinieren und Umschulungsmaßnahmen vorbereiten sollte.

Bereits 1938 mußte der Caritasverband die direkte Betreuung der ‚katholischen Nichtarier' an rein kirchliche Einrichtungen abgeben, da er sonst seine steuerrechtliche Gemeinnützigkeit und damit seine ganze Arbeit in Frage gestellt hätte. Die Aufgabe des Caritas-Notwerks übernahm das ‚Hilfswerk beim Bischöflichen Ordinariat Berlin', das ebenso wie die 1940 gegründete ‚Erzbischöfliche Hilfsstelle für nichtarische Katholiken in Wien' unter der direkten Verantwortung des Ortsbischofs stand[36]. Im Sommer 1939 konnte der Caritas-Verband die Betreuung der ‚nichtarischen Katholiken' ergänzend zu den anderen Einrichtungen wieder beginnen. Ihm oblag auch die Vertretung dieser Personen gegenüber der ‚Reichsvereinigung der Juden in Deutschland', in die 1939 zwangsweise auch die als ‚Rassejuden' geltenden Katholiken eingegliedert wurden.

Die Hilfe, die die genannten Einrichtungen in Zusammenarbeit mit entsprechenden jüdischen und evangelischen Stellen gebracht haben, wird sich wohl nie genau beziffern lassen. Zwar findet man gelegentlich Material, das Teilbereiche dieser Tätigkeit erhellt, aber abgesehen von Kriegsverlusten an Quellen legt die Natur dieser immer am Rande der Illegalität erfolgten Unterstützung die Vermutung nahe, daß sie keinen adäquaten Niederschlag in den Akten gefunden hat. Fest steht allerdings, daß diese

36 Zur Hilfsstelle in Wien vgl. L. Born, L. Groppe, Die Erzbischöfliche Hilfsstelle.

Hilfe mit Wissen und Billigung, ja im Auftrag der Bischöfe geleistet worden ist. Ganz unberücksichtigt, weil quellenmäßig kaum zu fassen, muß in diesem Zusammenhang die Unterstützung durch einzelne, die unabhängig von jeder Organisation zu ihren verfolgten Mitbürgern standen, bleiben. Alle diese Hilfsmaßnahmen haben aber die katastrophalen Folgen, die die Rassenpolitik für die Betroffenen gehabt hat, nicht auffangen können. Angesichts der immer weiter eskalierenden Verfolgung mußten alle Unterstützungsversuche Stückwerk bleiben.

‚Euthanasie-Aktion' und ‚Endlösung der Judenfrage' 1939–1945

In seiner Reichstagsrede vom 30. Januar 1939 prophezeite Hitler für den Fall eines Krieges „die Vernichtung der jüdischen Rasse in Europa"[37]. Dennoch brachte der 1. September 1939 – der Tag des deutschen Angriffs auf Polen – keinen grundsätzlichen Wandel in der NS-Rassenpolitik. Obwohl die Einsatzgruppen des SD, die 1939 zur Vernichtung der geistigen und geistlichen Oberschicht Polens eingesetzt wurden, ihre Mordaktionen auch auf Juden ausdehnten, blieb doch die Auswanderung der Juden oberstes Ziel der Nationalsozialisten[38]. Allerdings deuteten diese Massenmorde auf eine Radikalisierung der Rassenpolitik: Hatte man 1933 Maßnahmen zur Verhütung ‚lebensunwerten Lebens' ergriffen, so ging man 1939 daran, ‚lebensunwertes Leben' zu vernichten[39]. Vorläufer dieser unter dem Propagandatitel „Euthanasie" – Sterbehilfe – firmierenden Mordaktion war die Tötung unheilbar kranker Kinder, die im Sommer 1939 begann.

Im Oktober 1939 ordnete Hitler (auf seinem privaten Briefpapier) an, „die Befugnisse namentlich zu bestimmender Ärzte so

37 Vgl. K.D. Erdmann in Handbuch der deutschen Geschichte IV/2, S. 548.

38 Vgl. U.D. Adam, Judenpolitik, S. 303.

39 Zur „Euthanasie-Aktion" und der Haltung der beiden Kirchen hierzu vgl. K. Nowak, „Euthanasie". Vgl. auch M. Höllen, Heinrich Wienken, S. 94–103.

zu erweitern, daß nach menschlichem Ermessen unheilbar Kranken bei kritischster Beurteilung ihres Krankheitszustandes der Gnadentod gewährt werden kann“ [40]. Auf der Grundlage dieses Befehls wurden die Heil- und Pflegeanstalten durchkämmt; Kriterien für die Auswahl der Opfer waren „neben den eigentlichen Krankheitsmerkmalen auch ‚Arbeitsleistung‘ und ‚Rasse‘“ [41]. Diejenigen, denen man die „Wohltat der Euthanasie“ zukommen lassen wollte, wurden in Tötungsanstalten transportiert und dort mit Gas oder Medikamenten umgebracht. Man schätzt, daß zwischen 80000 und 100000 Menschen so ums Leben gekommen sind [42]. Obwohl die Machthaber versuchten, die Morde zu verschleiern und geheimzuhalten, drangen doch sehr bald konkrete Informationen an die Öffentlichkeit. Die Erregung der Bevölkerung war daraufhin groß. Zahlreiche Bischöfe klagten von den Kanzeln aus das Unrecht an. Vor allem die Predigten des Grafen Galen (Münster), fanden weit über den Machtbereich der Nationalsozialisten hinaus Gehör. Auch der deutsche Episkopat als Gesamtheit protestierte in Hirtenworten und einer Eingabe an Hitler gegen die Ermordung unschuldiger Menschen. Die Haltung der Bevölkerung und der Widerstand der katholischen, aber auch der evangelischen Kirche führten dazu, daß Hitler im August 1941 befahl, die Vernichtungsaktion einzustellen. Allerdings bedeutete diese Anordnung nicht das völlige Ende der ‚Euthanasie‘; in verschiedenen staatlichen Heilanstalten wurden auch jetzt noch Kranke „unter der Hand“ umgebracht.

Diese Anordnung Hitlers war nun alles andere als ein erster Schritt zur Humanisierung des Regimes. In der zweiten Hälfte des Jahres 1941 zeichnete sich ein grundsätzlicher Wandel in der NS-Judenpolitik ab, für den die Auflösung des Raphaels-Vereins nur ein erstes Indiz gewesen war. Der Krieg gegen Rußland, der als Vernichtungsfeldzug gegen den ‚jüdisch-bolschewistischen Weltfeind‘ der Rassenpolitik zugleich eine außenpolitische Di-

40 Zitiert nach K. Nowak, „Euthanasie“, S. 79.
41 Vgl. K.D. Erdmann in Handbuch der deutschen Geschichte IV/2, S. 551.
42 Vgl. ebenda, S. 552. Vgl. auch K. Nowak, „Euthanasie“, S. 86.

mension gab, trug auch zur Verschärfung der Judenpolitik im Inneren des Reiches bei. Dazu kam, daß der Erfolg des Auswanderungskonzeptes durch den sich hinziehenden Krieg in weite Ferne gerückt war. Im Herbst 1941 entschloß sich Hitler, die Menschen ‚jüdischer Rasse', die sich in seinem Machtbereich befanden, ‚auszumerzen'[43]. Dafür wurde jedoch ein anderer Weg eingeschlagen als bei der ‚Euthanasie', deren Personal und Mittel für die neue Mordaktion weiter verwendet wurden. Diese war in Deutschland vollzogen worden, gleichsam vor den Augen nicht Aller, aber doch Vieler. Die Lager zur Vernichtung der Juden hingegen errichtete man außerhalb Deutschlands im besetzten Polen, fernab von den unbequemen Augenzeugen der ‚Euthanasie'. Die industriell organisierte Ermordung der Juden ist auf diese Weise von einem schwer durchdringlichen Schleier des Geheimnisses umgeben worden.

Der verhängnisvolle Wandel in der NS-Rassenpolitik war zunächst für Außenstehende nicht erkennbar. Sichtbar waren allerdings die im Oktober 1941 beginnenden Deportationen von Juden, die angeblich in Arbeitslager im Osten gebracht werden sollten. Tiefen Eindruck scheint der Abtransport dieser ohnehin schon isolierten und verfemten Menschen in der Bevölkerung durchweg nicht gemacht zu haben. Ob dieses Verhalten auf Angst vor Repressionen, antijüdische Vorurteile oder einfach Nicht-Wissen zurückging, darüber lassen sich allenfalls Vermutungen anstellen. Aber nicht alle haben diese Maßnahmen, bei denen sich „Szenen ab[spielten], die in der Chronik dieser Zeit einmal mit den Transporten afrikanischer Sklavenhändler in Parallele gesetzt werden", kommentarlos hingenommen[44]. So mancher wandte sich an die Bischöfe um Hilfe. Die Bischöfe haben es als ihre Pflicht angesehen, für die von der Deportation Bedrohten – von der geplanten Ermordung wußte man noch nichts – einzutreten. Im Auftrag des Vorsitzenden der Fuldaer Bischofskonferenz verhandelten die Bischöfe Berning und Wienken mit Regierungs-

43 Vgl. U. D. Adam, Judenpolitik, S. 303–316.
44 Faulhaber an Bertram, 13. November 1941. L. Volk, Faulhaber II, Nr. 844, S. 824.

Bischof
Wilhelm Berning

Bischof Joannes
Baptista Sproll

60 000 Gläubige strömen bei der Bamberger Doppelfeier am 9. Mai 1937 auf dem Domplatz zusammen.

Katholische Jugend im Kölner Dom 1937

Deportation der Juden aus Würzburg

stellen, um das Los der Verfolgten zu bessern. Die Bischöfe setzten sich dabei vor allem für die ‚katholischen Nichtarier' ein, weil man bei einem Eintreten für alle ‚Nichtarier' „bei den Organen, die mit der Durchführung der Ausweisung beauftragt sind und die rassischen Grundsätze blind annehmen, kein Verständnis" und kein Entgegenkommen erwartete [45].
Die Ergebnisse, die die Sondierungen vor allem beim Reichssicherheitshauptamt brachten, waren kaum der Rede wert. Mehr aber glaubte der Vorsitzende der Fuldaer Bischofskonferenz, Kardinal Bertram, nicht erreichen zu können. „Denn es handelt sich", so schrieb er an Faulhaber, „hier, wie auch gegenüber allen sonstigen Nichtariern, um die Durchführung eines Grundprinzips einer Weltanschauung", deren Vertreter mit christlichen oder rechtlichen Argumenten überhaupt nicht mehr zu beeindrucken waren. In dieser Situation hielt Bertram es für wichtiger, die ohnehin geringen Einflußmöglichkeiten der Bischöfe „zunächst auf andere, kirchlich wichtigere und weittragendere Belange" zu konzentrieren, als gegen Mauern anzurennen, die er für unerschütterlich hielt [46].
Daß am Ende der Deportation nicht ein Arbeitslager, sondern der Tod stand, ahnte man zu diesem Zeitpunkt noch nicht. Die Gewißheit, daß ein erheblicher Teil der Deportierten ums Leben kam, erhielt man aber im Frühjahr 1942. Aus verschiedenen Lagern, in die ‚katholische Nichtarier' verbracht worden waren, kam die Nachricht, daß „viele erschossen" seien. In Bischof Bernings Notizen findet sich unter dem 5. Februar 1942 die Vermutung, es bestehe „wohl der Plan, die Juden ganz auszurotten" [47]. Allerdings war es nur eine Vermutung; ihr widersprachen die beruhigenden Nachrichten, die in den folgenden Wochen eintrafen. Daß die Vernichtung von Millionen Menschen fabrikmäßig betrieben wurde, haben die Bischöfe aus den Gerüchten und Nachrichten, die sie erreichten, offensichtlich nicht realisiert. Versuche, sich hier Klarheit zu ver-

45 Wie Anm. 44.
46 Bertram an Faulhaber, 17. November 1941. L. Volk, Faulhaber II, Nr. 846, S. 845.
47 Notiz Bernings, 5. Februar 1942. Bistumsarchiv Osnabrück O3-A-72-7.

schaffen und für die Verfolgten einzutreten, die vor allem die Bischöfe Berning und Wienken im Namen der Fuldaer Bischofskonferenz und Nuntius Orsenigo im Auftrag des Papstes unternahmen, scheiterten an der Unzugänglichkeit der staatlichen Verwaltungsinstanzen. Einzelheiten dieser Bemühungen sind erst in Umrissen bekannt, da ein erheblicher Teil der kirchlichen Akten dem Bombenkrieg zum Opfer gefallen ist[48].

Wenn man auf seiten der Kirche auch nicht die ganze Wahrheit kannte, so wußte man doch, daß die Deportation für unzählige Menschen den Tod bedeutete. In verschiedenen Hirtenbriefen bekräftigten die Bischöfe seit Frühjahr 1942 darum, daß die Tötung unschuldiger Menschen unentschuldbare Sünde sei. Am deutlichsten war in diesem Zusammenhang der Hirtenbrief der deutschen Bischöfe vom 19. März 1943, der feststellte: „Tötung ist in sich schlecht, auch wenn sie angeblich im Interesse des Gemeinwohls verübt würde: An schuld- und wehrlosen Geistesschwachen und -kranken, an unheilbar Siechen und tödlich Verletzten, an erblich Belasteten und lebensuntüchtigen Neugeborenen, an unschuldigen Geiseln und entwaffneten Kriegs- oder Strafgefangenen, an Menschen fremder Rasse und Abstammung“[49].

Mit diesen Worten waren – ebenso wie in der Weihnachtsansprache Pius' XII. 1942 und seiner Allokution vom 2. Juni 1943 – die Vorgänge in den deutschen Vernichtungslagern angesprochen. Diese Aussagen zur systematischen Judenermordung blieben jedoch, vergleicht man sie mit dem Einsatz der Bischöfe gegen die ‚Euthanasie' – vorsichtig und abstrakt. Entschiedener wurden die Bischöfe zum Jahreswechsel 1942/43, als die staatliche Zwangsauflösung der ‚rassischen Mischehen' drohte; dies hätte die bisher verschonten jüdischen Ehepartner der Deportation ausgeliefert. Hier verhinderte das energische Auftreten der Kirche das geplante Gesetz und rettete so zahlreichen Menschen das Leben[50].

48 Zu Wienken jetzt M. Höllen. Verschiedene Berichte des Nuntius über seine vergeblichen Bemühungen in ADSS VIII, IX und X.

49 Gemeinsamer Hirtenbrief der deutschen Bischöfe über die Zehn Gebote als Lebensgesetz der Völker, 19. August 1943. W. Corsten, Kölner Aktenstücke, Nr. 227, S. 298–304, hier S. 301.

50 Vgl. U.D. Adam, Judenpolitik, S. 316–333 und M. Höllen, Heinrich Wienken, S. 115–117.

Es bleibt aber die Frage, warum die katholische Kirche die Judenvernichtung insgesamt nicht deutlicher verurteilt hat. Papst Pius XII., der selbst unzähligen verfolgten Juden geholfen hat, sah die Verpflichtung der Kirche, Unrecht beim Namen zu nennen; er sah aber auch die Gefahr, daß eine unmißverständliche Anklage der NS-Verbrechen neue Gewaltmaßnahmen provozieren konnte. Entsprechende Erfahrungen hatte man etwa in Holland machen müssen: Am 26. Juli 1942 protestierte der Erzbischof von Utrecht in einem Hirtenwort, das in allen Kirchen verlesen wurde, gegen die Deportation der jüdischen Mitbürger; als Antwort darauf verschleppten die Machthaber wenige Tage später ausschließlich die ‚katholischen Nichtarier' Hollands[51]. Der öffentliche Protest hatte also keine Opfer verhindert, sondern die Zahl der Opfer vermehrt.

Der Papst hat über das Unrecht der NS-Maßnahmen abstrakt und generell öffentlich gesprochen, einen die Dinge konkret bezeichnenden Protest aber hat er, „um größeres Unheil zu verhüten", vermieden[52]. Die Güterabwägung, die dieser päpstlichen Entscheidung zugrunde lag, ist quellenmäßig nachweisbar. Er hat darüber auch während des Krieges öffentlich gesprochen (2. Juni 1943). Bei der derzeitigen Forschungslage lassen sich ähnlich präzise Aussagen über entsprechende Erwägungen im Schoße der deutschen Bischofskonferenzen nicht treffen. Es zeichnet sich aber ab, daß die Bischöfe sich durch Unsicherheit über das Ausmaß der Verbrechen, durch Furcht, bei energischerem Auftreten die Dinge noch zu verschlimmern, durch Resignation hinsichtlich der Möglichkeiten irgendeiner Einflußnahme und durch Sorge, angesichts der bevorstehenden Niederlage Deutschlands im Kriege Objekt einer neuen „Dolchstoß-Legende" zu werden, haben leiten lassen.

Als 1945 die Vernichtungslager geöffnet wurden, waren die Bischöfe – wie wohl der größte Teil der Bevölkerung – über das

51 Vgl. P. E. Lapide, Rom und die Juden, S. 169–171.

52 Pius XII. an Bischof Preysing/Berlin, 30. April 1943; P. Blet, A. Martini, B. Schneider, Briefe Pius XII., Nr. 105, S. 240. Zum angeblichen Schweigen des Papstes vgl. K. Repgen in H. Jedin, K. Repgen, Handbuch der Kirchengeschichte VII, S. 94–96.

wirkliche Ausmaß der Verbrechen erschrocken[53]. Angesichts dieser ungeheuren Grausamkeiten drängte sich die Frage auf, ob der Katholizismus während des Dritten Reichs nicht allzu sehr die eigene Gefährdung und zu wenig die elementare Bedrohung der Juden gesehen hatte. An entsprechenden selbstkritischen Äußerungen von Bischöfen und Laien aus der Nachkriegszeit fehlt es nicht. Es entsprach der damaligen und heutigen Beurteilung der Haltung der katholischen Kirche zur Judenverfolgung, wenn Hans Lukaschek auf dem ersten Nachkriegs-Katholikentag bekannte, auch viele Katholiken müßten sich als Schuld zurechnen, „was an den Juden ohne genügenden und vor allem ohne genügend öffentlichen Widerstand von unserer Seite“ geschehen war[54].

53 Die genaue Zahl der Opfer ist unbekannt. Es ist aber sicher, daß weit über 4 Millionen Menschen umgekommen sind. Verschiedene Schätzungen sprechen von bis zu 6 Millionen Toten. K. D. Erdmann in Handbuch der deutschen Geschichte IV/2, S. 550. Der Christ in der Not der Zeit. Der 72. Deutsche Katholikentag vom 1. bis 5. September in Mainz. Hrsg. v. Generalsekretariat des Zentralkomitees der Katholiken Deutschlands zur Vorbereitung der Katholikentage. Paderborn 1949, S. 216.

Klaus Gotto – Hans Günter Hockerts – Konrad Repgen
Nationalsozialistische Herausforderung und kirchliche Antwort. Eine Bilanz

Der Aufstieg des Nationalsozialismus zur Regierungsmacht in Deutschland hat sich ohne wesentliche Beteiligung von Kirche und Katholizismus vollzogen. Gilt dieses Urteil auch für die Zeit der Stabilisierung und der anschließenden Herrschaft des Regimes? Diese Frage hat besonderes Gewicht; denn neben Teilbereichen des protestantischen Raumes – „Bekennende Kirche“, „intakte“ Landeskirchen – war die katholische Kirche die einzige gesellschaftliche Großgruppe Deutschlands, die den enormen Gleichschaltungsdruck des Regimes als Großgruppe, d. h. in der Form einer unabhängigen Organisation, überdauern konnte. Sie war daher imstande, der nationalsozialistischen Herrschaft nicht-nationalsozialistische Normen und Verhaltensweisen entgegenzusetzen. In welchem Umfang und mit welchen Folgen hat die Kirche dies getan? Hat sie Widerstand geleistet? Diese Frage ist 1945 ebenso einhellig mit „Ja“ beantwortet worden, wie man sich seit 20 Jahren darüber streitet. Was ist richtig, glaubwürdig, überzeugend?
Jede Antwort auf diese Frage setzt voraus, daß man sagt, was mit „Widerstand“ gemeint sein soll. Nur wenn dieser Begriff historisch angemessen definiert wird, läßt sich weiterkommen.

Der Begriff des Widerstands

Ein historisch brauchbarer Widerstandsbegriff muß stets auf die konkreten Rahmenbedingungen des zugehörigen Herrschaftssystems bezogen sein. Wichtigste Rahmenbedingung des Nationalsozialismus war sein totalitärer Herrschaftsanspruch. Das Regime war kein Monolith, aber es beanspruchte mehr als ein Monopol auf politische Willensbildung im Rahmen der traditionellen Staatszuständigkeiten: Es erhob totalen Anspruch auf Kontrolle der Bevölkerung, auf Erfassung der gesamten menschlichen Existenz, auf Sinngebung des Lebens und auf Gewissensformung. Die mit Werbung und Drohung angestrebte Verhaltensform des einzelnen war daher keineswegs die des obrigkeitsstaatlichen Untertans, der sich passiv und ruhig, also „unpolitisch" verhält. Jedem „Volksgenossen" wurde vielmehr immerzu ein aktives Bekenntnis zum Nationalsozialismus abverlangt, z. B. im Hitler-Gruß. Wer sich als einzelner oder als Gruppe im Dritten Reich der Mobilisierung von Zustimmung zu entziehen suchte, geriet in Oppositionsverdacht und mußte entsprechende Konsequenzen befürchten.

Ohne die grundlegende Bezugnahme auf das Totalitäre der Alltagswirklichkeit des Dritten Reiches läßt sich daher kein angemessener Widerstands-Begriff formulieren: Gemessen an dem Ziel der totalitären Erfassung konnten Verhaltensformen, die unter anderen, z. B. den westlichen Bedingungen der Nachkriegszeit unerheblich und belanglos wären, Widerstand darstellen. Das Grundkriterium des Widerstandsbegriffs hat daher in der Frage zu liegen, ob damals ein bestimmtes Verhalten von einzelnen oder von Gruppen Risikocharakter hatte oder nicht. Diesem Risiko-Kriterium entspricht ein sehr weiter „Widerstands"-Begriff; denn grundsätzlich unterlag zwischen 1933 und 1945 jedes Verhalten, das sich dem totalitären Erfassungszwang und Gleichschaltungsdruck entzog, einem Risiko.

Ein so weit gefaßter Begriff muß allerdings differenziert werden, um brauchbar zu sein. Wer als Beamter 1937 in der Fronleichnamsprozession mitging, riskierte durch diese Demonstration kirchlicher Loyalität einiges; aber er setzte nicht, wie ein Mann vom 20. Juli 1944, der im Untergrund den Sturz des Regimes organisierte, sein Leben aufs Spiel. Beide leisteten „Widerstand", aber in ungleichem Sinne. Das Begriffsfeld Widerstand muß also abgestuft werden.

Stufen des Widerstands

Es lassen sich vier Stufen unterscheiden. Als unterste Stufe kommt punktuelle Unzufriedenheit in Betracht. Sie konnte unterschiedliche Gründe haben: vom Schimpfen der Bauern oder Arbeiter über niedrige Agrarpreise oder Löhne bis hin zur Aufregung über „Stürmer"-Kästen im Dorf. Weil das Regime grundsätzlich jede Widerspruchshaltung unter Widerstandsverdacht stellte, konnten solche Unmutshandlungen – je nach dem dabei eingegangenen Risiko – in gewissem, wenn auch geringem Sinne, Widerstand sein.

Weitaus eindeutiger war dagegen Widerstand das, was mit Sachverhalten wie Resistenz, Nicht-Anpassung, Selbstbewahrung zu verbinden ist, also die zweite Stufe. Voraussetzung für diese Form von Widerstand war ein Angriff auf die Eigenständigkeit, das Selbstverständnis, die Identität einer sozialen Einheit, z. B. der katholischen Kirche. Suchte die angegriffene Einheit sich dem Gleichschaltungsdruck zu entziehen, ihre bedrohte Identität zu bewahren und zu verteidigen, so wurde dadurch Widerstand geleistet; denn diese Nicht-Anpassung begrenzte die Herrschaft, behinderte die Realisierung des Totalitären in einem konkreten Bereich.

Die dritte Stufe war der öffentliche oder mit der Androhung von Flucht in die Öffentlichkeit erhobene Protest. Er bedeutete bereits eine Offensive gegen das System, während der Widerstand der zweiten Stufe im Kern defensiv blieb. Richtet sich Protest nicht nur gegen partielle, wenngleich wesentliche Erscheinungsformen des Regimes, so kann er zu einem generellen Loyalitätsbruch führen.

Dann ist die vierte, die höchste Stufe erreicht: Sie ist als „aktiver Widerstand" oder als „Widerstand im engeren Sinne" zu bezeichnen. Unter diesen Begriff fallen alle Aktivitäten, die auf politischen Umsturz des Regimes hin orientiert waren und also nicht nur ein partielles, sondern ein generelles Nein zum Regime bedeuteten.

Im Unterschied dazu bezog sich der Widerstand auf den Stufen eins bis drei auf einzelne Sektoren, auf einen Teil der Erschei-

nungsformen und Herrschaftsansprüche des Regimes. Daher konnten Unzufriedenheit, Nicht-Anpassung und Protest sich im übrigen mit partieller Loyalität gegenüber dem Regime verbinden, – in welchem Ausmaß, kann jeweils nur im konkreten Falle bestimmt werden.
Mit einem so differenzierten Widerstands-Begriff läßt sich die kirchliche Antwort auf die nationalsozialistische Herausforderung historisch angemessen beschreiben. Dabei ist allerdings zu berücksichtigen, daß diese Herausforderung in unterschiedlichen Phasen sehr unterschiedliche Intensitäten entwickelte. Folglich waren die Anforderungen an die Kirche 1933 anders als 1937 und 1943.

Das Jahr 1933

Für Kirche und Katholizismus bedeutete der Nationalsozialismus vor 1933 eine Herausforderung auf unterschiedlichen Feldern: für die Kirche auf dem Gebiet der Seelsorge, für den Katholizismus als einer Sondergruppe der gesamten Gesellschaft auf gesellschaftlichem und politischem Gebiet. Bis zum März 1933 kennzeichneten ein Nebeneinander von innerer politischer Unsicherheit, äußerer Geschlossenheit und weltanschaulicher Gegnerschaft die Reaktionen der Kirche und des Katholizismus auf die nationalsozialistische Machtergreifung. Der politische Katholizismus, von Hitler in seiner Bedeutung weit überschätzt, trat lautlos von der Bühne ab, hin- und hergerissen zwischen kraftloser Überlebenshoffnung und vergeblichen Anpassungsversuchen an die neue Zeit.
Zugleich sahen die Kirche und die katholischen Organisationen sich vor die Frage gestellt, wie sie auf die Umwälzung antworten sollten. Man mußte befürchten, daß der Nationalsozialismus alles Politische monopolisieren werde; und man konnte sich nicht auf die beschwichtigenden Zusicherungen Hitlers, daß auch im Dritten Reich erträgliche kirchliche Freiräume vorhanden wären, verlassen. Angesichts dieser Ungewißheiten setzte die kirchliche Führung nicht mehr ausschließlich auf die Parteien des politi-

schen Katholizismus als Wahrer ihrer Interessen im politischen Vorfeld, sondern griff Friedensangebote des als legale Obrigkeit akzeptierten Nationalsozialismus auf. Die mit Bedingungen verknüpfte Rücknahme der oberhirtlichen Verurteilung des Nationalsozialismus durch die Bischofserklärung vom 28. März und das Reichskonkordat vom 20. Juli 1933 sind die herausragenden Stationen dieser Entwicklung. Dabei haben die überraschend schnell erfolgte Auflösung des politischen Katholizismus und der kirchliche Positionswechsel sich gegenseitig beschleunigt; das Ende der Zentrumspartei war jedoch nicht ursächlich mit dem Reichskonkordat verbunden.

Wenn die Kirche als gesellschaftliche Großgruppe überleben wollte, mußte sie ihren institutionellen Fortbestand retten. Dazu gab es konkret nur einen Weg: Beharrung – verbunden mit partieller Kooperation. Diese unausweichliche Konsequenz galt nicht allein für die Kirche, sondern für alle Großgruppen; auch der Allgemeine Deutsche Gewerkschaftsbund (ADGB) und die SPD haben vor ihrem Verbot den Versuch unternommen, durch Anpassung und Konzessionen institutionell zu überleben.

1933 stellte sich also die Frage eines Widerstandes noch nicht in der Art, daß die Identität der Kirche als einer religiösen und sozialen Einheit von der Wurzel her bedroht gewesen wäre; es schien zunächst noch möglich, einen verkleinerten, aber ausreichenden Wirkungsraum zu erhalten. Gleichwohl lassen sich große Unsicherheiten gegenüber dem NS-Regime im Anfang nicht übersehen: Innerhalb eines Teils der kirchlichen Führung, mehr noch bei Laien und einigen Verbänden, tauchte die Illusion auf, man könne bei ungeschmälerter Identität der Kirche zu einer geistig-politischen Kooperation mit dem Dritten Reich gelangen.

Diese diffusen Erwartungen haben auf die Haltung der Kirchenführung und des Kirchenvolkes keinen bestimmenden und dauerhaften Einfluß erlangen können. Sie erklären einzelne sonst schwer verständliche Schritte wie etwa die anfängliche Bereitschaft des Erzbischofs Gröber, die katholische Jugend in die HJ zu überführen, oder die Annahme des preußischen Staatsrats-Titels durch Bischof Berning, oder die emphatischen Kooperationsangebote des Generalsekretärs des katholischen Gesellenvereins, Johannes Nattermann. Im Gegensatz zu dieser Brückenbau-Gruppe blieb eine andere Strömung im Katholizismus scharf distanziert. Ein Bekenntnis zum neuen Staat lehnte Bischof Preysing ausdrücklich ab. Für die am weitesten verbreitete katholische Wochenzeitung, die „Junge Front" Johannes Maaßens, war ein katholischer Zugang zum Nationalsozialismus undenkbar.

Die Phasen der nationalsozialistischen Herausforderung 1933–1945

Im Reichskonkordat hatte Hitler dem Katholizismus und der Kirche aus taktischen Gründen einen ziemlich großen Freiheits- und Wirkungsraum vertraglich eingeräumt. Er hatte sich damit Fesseln angelegt, die er alsbald im Sinne der totalen Verfügbarkeit über alle Menschen und Organisationen sprengen wollte. Daher wurde seit 1933 zum Angriff auf die Kirche geblasen. Dieser Angriff erfolgte nicht als offener Frontalangriff mit einem einzigen Schlag, auch nicht mit gleichbleibenden Methoden, sondern sukzessiv, mit ständig wechselnder Intensität, mit verdeckten Zielsetzungen, verbrämenden Rechtfertigungen und unter ständiger Rücksichtnahme auf die Zweckmäßigkeiten der allgemeinen Politik. Es war dennoch eine Strategie, die auf Vernichtung zielte. Dabei lassen sich drei Phasen unterscheiden.

Eine erste Phase reichte bis etwa 1935/36. Im Mittelpunkt dieses meist verdeckt geführten Kampfes standen die kirchlichen Positionen in der Gesellschaft; es ging um die Schleifung der „Außenwerke" der Kirche. Ziel des Regimes war es in dieser Phase, die organisatorischen Wirkungsmöglichkeiten der Kirche jenseits der reinen Seelsorge auszuschalten, also Trennung von Kirche und Gesellschaft – eine unabdingbare Voraussetzung für Hitler, daß die Menschen politisch der ausschließlichen Verfügbarkeit des Nationalsozialismus unterworfen werden konnten. In dieser Phase wurde das kunstvolle Gebäude des organisierten Katholizismus, seine Presse, seine Verbände und die Bekenntnisschulen

zum Teil bereits zerstört, zum Teil so schwer in den Fundamenten erschüttert, daß die spätere Beseitigung keine erheblichen Schwierigkeiten mehr bereitete.
Die zweite Phase, zeitlich etwa von 1936 bis 1940 anzusetzen, erreichte ihren Höhepunkt 1936/37. Jetzt ging es nicht mehr nur um Außenbastionen, um die organisierte Wirkungsmöglichkeit der Kirche in die Gesellschaft hinein, sondern um das kirchliche Wertsystem, um ihre Identität schlechthin. Der Nationalsozialismus versuchte, die Kirche auf eine in seiner Sicht belanglose „Jenseitsbetreuung" zu reduzieren, also von jedem Bezug auf das konkrete individuelle und gesellschaftliche Leben zu lösen. Der Kirchenkampf erreichte damit eine neue Dimension. Das Gewissen des einzelnen sollte dem nationalsozialistischen Totalitätsanspruch unterworfen und die Kirchenführung vom Kirchenvolk getrennt werden. Es ging also um die Kirche in ihrer Substanz.
Die dritte Phase deckt sich ungefähr mit der Zeit des Krieges. Die Wucht des Angriffs gegen die Kirche als religiöse und soziale Einheit steigerte sich noch mehr; aber als Neues trat hinzu eine beispiellose Radikalisierung der Innenpolitik, namentlich die Rassenpolitik mit den Morden an Geisteskranken und Juden. Es drohte in dieser Phase auch der Kirche als Institution eine „Endlösung"; die nationalsozialistischen Führer stritten sich nur noch über die Zeitfrage – ob während des Krieges oder nach dem Sieg. Doch der Angriff richtete sich in dieser dritten Phase über die Kirche als verfaßte Großgruppe hinaus auf das für sie unantastbare Sittengesetz und gottgeschaffene Naturrecht in seinen elementaren Gegebenheiten. Es ging nicht mehr allein um die Verteidigung der Kirche und des Christentums, sondern auch der allgemeinen Menschenrechte.

Phasen und Formen der kirchlichen Antwort

Die Antwort der kirchlichen Führung auf die zunehmende Drosselung des kirchlichen Lebens hieß in der ersten Phase nach 1933: Verteidigung des im Reichskonkordat zugesicherten „eigenen

Rechts- und Arbeitsgebiets"[1]; Beharren auf dem Anspruch der Kirche, „weithin sichtbar in das öffentliche Leben hineinragen"[2] zu wollen; Bekämpfung des rassistischen Neuheidentums, Bekräftigung der katholischen Glaubenslehre, Abwehr der ins Mark der innerkirchlichen Loyalität zielenden Verleumdungskampagnen. In den äußeren Verteidigungslinien – Presse, Verbände, Schule – mußten erhebliche Einbrüche hingenommen werden. Diese Selbstverteidigung der Kirche konnte ihre Verdrängung aus der Gesellschaft zwar verzögern, aber nicht verhindern. Das lag weniger an einigen unterschiedlich folgenschweren Mängeln in Form, Festigkeit und Geschlossenheit der bischöflichen Abwehr, als vielmehr an der wachsenden Härte, mit der das Regime in diesem ungleichen Kampf seine erdrückende Übermacht einsetzte.

In dieser Zeit, von Ende 1933 bis 1935/36, war es nicht leicht, zuverlässig zu erkennen, was die eigentliche Zielsetzung des Regimes bei seinem Kampf gegen die Kirche sei. Diese Unsicherheit wirkte wie eine Zwickmühle. So waren die traditionellen Organisationsformen der katholischen Verbände, so wertvolle Dienste sie auch ein Jahrhundert lang geleistet hatten, kein Wert an sich; falls brauchbarer Ersatz gefunden werden konnte, ließ sich darauf, nötigenfalls, verzichten. Aber durfte man verzichten, wenn man annehmen mußte, daß es dem Regime nur vordergründig um diese Organisationen gehe, tatsächlich aber um die Vernichtung von Christentum und Kirche überhaupt?

Die innerkirchliche Diskussion dieses Problems führte Ende 1936/Anfang 1937 zu einer Einschätzung der Lage, die bis zum Kriegsende bestimmend blieb. In der Kölner Stellungnahme vom 16. Januar 1937 wird eine eindeutige Bilanz gezogen: Der Nationalsozialismus – so heißt es dort – wolle „grundsätzlich und definitiv" die Vernichtung des Christentums, besonders des katholischen. Auf dieses Ziel seien alle Maßnahmen des Regimes taktisch ausgerichtet[3]. Aus dieser illusionslosen Analyse zog man

1 Vgl. Hirtenbrief der deutschen Bischöfe vom 24. 12. 1936, Druck: W. Corsten, Kölner Aktenstücke, S. 156–162, Zitat S. 161.

2 Vgl. Hirtenbrief der deutschen Bischöfe vom 20. 8. 1935, Druck: B. Stasiewski, Bischöfliche Akten III, Nr. 230 S. 331–341, Zitat S. 334.

3 Vgl. Dok. 14 im Dokumentenanhang.

Konsequenzen für die angemessene Widerstandsform. Strategisches Ziel der Kirche müsse sein, dahin zu wirken, daß „möglichst breite Schichten glaubensfreudiger und opferwilliger Katholiken einheitlich die Mitwirkung bei glaubensfeindlichen Maßnahmen ablehnen und die Rechte ihres katholischen Gewissens mutig reklamieren“[4].

Ausfluß und Ausdruck dieser Haltung war die Enzyklika „Mit brennender Sorge“[5]. Sie verdeutlichte 1937 vor aller Welt die ungebrochene Entschlossenheit der katholischen Kirche, ihre Nicht-Anpassung, ihre Identität inmitten des nationalsozialistischen Gleichschaltungsdrucks zu bewahren. Den zunächst verdeckten, dann 1936/37 offenen Angriffen auf das Wertsystem und den Wirkungsanspruch der katholischen Kirche begegnete die kirchliche Führung also mit einer Verhaltensform, die der Resistenz-Stufe des Widerstandsbegriffs entspricht. Die Enzyklika jedoch hob durch die Form ihrer spektakulären Öffentlichkeit, durch den Nachdruck ihrer Anklagen und durch die, über alle Selbstverteidigung hinaus ins Allgemeingültige gewendete Reklamation unveräußerlicher Persönlichkeitsrechte den kirchlichen Widerspruch von 1937 auf die Stufe des Protestes. Dementsprechend wurde sie vom Regime als eine „offene Kampfansage“[6] gewertet.

Der katholische Kampf um Nicht-Anpassung, um Selbstbewahrung, bezog sich in dieser Phase sowohl auf die Organisationsstruktur wie auf das Wertsystem der Kirche. Die meisten Gläubigen folgten der kirchlichen Führung. Daher konnte sich im katholischen Bevölkerungsteil Deutschlands ein Kernbereich der nationalsozialistischen Weltanschauung nicht durchsetzen. Die nationalsozialistische Herrschaft wurde dadurch und insoweit blockiert. Dies ist das wesentliche Ergebnis des katholischen Beharrungswillens.

4 Ebenda.
5 Vgl. Dok. 15 im Dokumentenanhang.
6 So Reichskirchenminister Kerrl an die deutschen Bischöfe am 23. März 1937, Druck: Simon Hirt, Mit brennender Sorge. Das päpstliche Rundschreiben gegen den Nationalsozialismus und seine Folgen in Deutschland (Das christliche Deutschland 1933 bis 1945, Dokumente und Zeugnisse, H. 1), Freiburg i. Brsg. 1946, S. 31–35.

Angesichts des nationalsozialistischen Gleichschaltungszieles barg diese Identitätsbewahrung ein Potential an Konflikt, das damals von keiner anderen Bevölkerungsgruppe in Deutschland erreicht worden ist. Nicht ohne Grund klagte der Münchner Gauleiter Wagner im Juni 1937 die Kirchen an, sich als einzige innerdeutsche Macht „noch störend in unserem völkischen Leben bemerkbar zu machen“[7]. Nicht ohne Grund schien es daher Goebbels unerträglich, daß die Kirche eigenständige „Autorität neben oder gar über dem Staat“[8] bleiben wolle; um diesen Willen zu brechen, war ihm, wie er 1937 erklärte, „jedes Mittel recht“[9]. Nicht ohne Grund mußte der oberbayerische Regierungspräsident im Januar 1939 berichten: „Nur die von der Kirche beeinflußten Kreise gehen in der Judenfrage noch nicht mit“[10]. Übrigens würdigte auch die KPD den Kampf um die „Verteidigung der Glaubensfreiheit“ 1937 mit der Feststellung: „Jeder Erfolg der Massen im Kirchenkampf versetzt der faschistischen Diktatur einen ernsten Schlag, durchbricht ihre Totalität.“[11]

Der Kampf der Kirche um ihre Selbstbewahrung führte jedoch nicht zu einer generellen Aufkündigung der Loyalität gegenüber dem Regime. Der Episkopat erkannte den Träger der Staatsgewalt weiter als legale Obrigkeit an, dem ein Anspruch auf staatsbürgerlichen Gehorsam im Rahmen des sittlich Erlaubten zustünde.

Nach der Enzyklika stellte sich für den deutschen Episkopat die Frage, wie die Verteidigung am besten fortgesetzt werden könnte. Sollte man weiterhin an die Öffentlichkeit gehen oder zu dem geduldigen, wenn auch weithin ergebnislosem Verhandeln im nicht-öffentlichen Schriftverkehr zwischen Episkopat und Regime zurückkehren? Diese Alternative führte 1937 zu Meinungsdivergenzen über die richtige Taktik, die sich in den folgenden

7 Rede des Münchner Gauleiters Wagner am 29. 6. 1937, zit. nach dem „Völkischen Beobachter“ vom 30. 6. 1937.

8 So in einer Rede von Goebbels vor Schriftleitern am 16. 6. 1937, zit. nach H. G. Hockerts, Sittlichkeitsprozesse, S. 132.

9 Ebenda.

10 Vgl. Witetschek, Regierungspräsidentenberichte I, S. 301.

11 Vgl. Hermann Weber, Der deutsche Kommunismus. Dokumente 1915–1945,[3] Köln 1973, S. 380.

Jahren zu schweren Unterschieden der Auffassung über die beste Art des Widerstands vertieft haben. Das Kirchenvolk hat davon damals kaum etwas, und das Regime hat davon wenig nur erfahren. Für die Geschichte des katholischen Kirchenkampfes sind diese Dinge aber von erheblicher Bedeutung, weil die Taktik-Diskussion schließlich in sehr grundsätzliche Probleme hineinführte.

Der Exponent der einen Linie war Kardinal Bertram. Er hielt am Verhandlungsweg fest, verband Beschwerde und Beschwichtigung diplomatisch miteinander und hat sich, aufs Ganze gesehen, mit seinem Kurs durchgesetzt. Exponent der anderen Linie war Bischof Graf Preysing. Er plädierte für eine Politik des energischen Protests: Mobilisierung der Öffentlichkeit und der Massen der Gläubigen sei die einzige Sprache, auf die das Regime höre. Die Konzeption dieses Kurses erweckt im Rückblick spontane Sympathie; man darf aber nicht vergessen, welche Gefahren damit verbunden waren. Preysing selbst wurde umgetrieben von der Sorge, welche Folgen „ein endgültiger Bruch mit dem Staate der Kirche bringen müßte“ [12]. Er fürchtete nicht zuletzt, daß unermeßlich viele Katholiken dann, unter dem Anprall der Vergeltungsmaßnahmen des Regimes, „ihren Glauben verleugnen oder von der Kirche offen abfallen würden“. [13] Bertrams Einwände gegen einen konfliktverschärfenden Verteidigungskurs hatten also bedenkenswerte Gründe, vor allem unter seelsorglichem Aspekt: Er wollte keine Repressalien provozieren, die dahin führten, daß wieder „Gläubige ohne Geistlichen sterben müßten“ [14] wie im Kulturkampf der Bismarckzeit. Zudem bewahrte er sich die Hoffnung, daß innerhalb der nationalsozialistischen Bewegung eine mit der Kirche Frieden suchende Strömung existiere, die es auch durch Loyalitätsversicherungen zu stärken gelte.

Ein weiteres ist zu bedenken. Der institutionelle Fortbestand beließ der Kirche die Möglichkeit, sich zu artikulieren und die Gläubigen beeinflussen zu können. Dies unterschied sie von fast

12 Vgl. W. Adolph, Geheime Aufzeichnungen, S. 192.
13 Vgl. ebenda S. 193.
14 Vgl. ebenda S. 219.

allen anderen potentiellen Widerstandträgern, deren Organisationen zerschlagen waren und deren interne Kommunikation auf minimale Reste zurückgeworfen war. Andererseits machte aber gerade die Notwendigkeit, die eigene Organisation und die Kommunikationsfreiheit etwa in Predigt und Hirtenbrief sichern zu müssen, die Kirche druckempfindlich. Sie hatte etwas zu verlieren, und zwar nicht etwas Nebensächliches, sondern etwas, vom kirchlichen Seelsorgsziel her, Zentrales.

Die Päpste, bis 1939 Pius XI., dann Pius XII., haben in die internen Auseinandersetzungen der deutschen Bischöfe um den Kurs im Kirchenkampf, sieht man von einer Ausnahme 1934 ab, weder in der zweiten noch in der dritten Phase mit Direktiven eingegriffen; doch ließ Pius XII. die Bischöfe nicht im unklaren darüber, daß seine Sympathie dem härteren Kurs gelte. Den Streit um Eingabenpolitik oder öffentliche Konfrontation mußten die Bischöfe also selbst austragen. Er ging bis zum Kriegsausbruch unentschieden weiter, während sich der Angriff des Regimes keineswegs abschwächte. Die Kirche nutzte inzwischen den ihr verbliebenen Raum, um die Seelsorge umzustellen und zu intensivieren. Nach dem Verbot der meisten Verbände wurden die Gläubigen als einzelne, als Familie und als Pfarrgemeinde im Sinne der Katholischen Aktion angesprochen. Dabei standen im Mittelpunkt die religiöse Unterweisung und die Schärfung der Gewissen. Bewahrung der christlichen Substanz der Gläubigen in einer christentumsfeindlichen Umwelt hieß das Ziel, wobei nicht ausgeschlossen wurde, daß man einer offenen Christenverfolgung zusteuere.

In der dritten Phase ging der Kirchenkampf unvermindert heftig weiter, mit teilweise neuen Methoden, aber mit unveränderter Zielrichtung. „Es geht um Sein und Nicht-Sein der Kirche in Deutschland“ [15], stellte der Fuldaer Hirtenbrief im Juni 1941 fest. Auch die kirchliche Abwehr blieb gleich.

Der Kriegsausbruch von 1939 ist vom Episkopat nicht als eine neue Herausforderung verstanden worden. Die Problematik des Angriffskrieges bzw. des gerechten und ungerechten Krieges

15 Vgl. Hirtenbrief der deutschen Bischöfe vom 26. 6. 1941, Druck: W. Corsten. Kölner Aktenstücke S. 252–256, Zitat S. 254.

wurde nicht diskutiert; die Friedensappelle des Papstes jedoch wurden voll unterstützt. Nicht die Kriegsproblematik als solche, sondern das gewaltige Anwachsen des Terrors, die immer offenkundiger werdende Mißachtung fundamentaler Menschenrechte durch das Regime ist 1941 als eine neue, über die kirchliche Selbstverteidigung hinausweisende Herausforderung empfunden worden. Dieser Herausforderung hat sich die große Mehrheit des Episkopats gestellt und neben der Verteidigung der Freiheit der Kirche die Verteidigung der elementaren Menschenrechte als Aufgabe der Bischöfe anerkannt. Vorausgegangen war Galens berühmte Flucht in die Öffentlichkeit mit den drei Predigten vom Juli/August, „ein Ereignis von europäischem Rang"[16] und eine überaus mutige Tat, der der Erfolg nicht versagt geblieben ist: Jedenfalls wurden der Klosterraub am 31. Juli und die Ermordung der Geisteskranken am 24. August 1941 durch Führerbefehle sistiert. Dem Papst waren diese Predigten „ein Beweis dafür, wieviel sich durch offenes und mannhaftes Auftreten innerhalb des Reiches noch erreichen läßt"[17].

Gleicher Meinung war ein neugebildeter Ausschuß der Fuldaer Bischofskonferenz. Er arbeitete von August bis November 1941, als aller Welt die Fanfaren der Sondermeldungen über den scheinbar unwiderstehlichen Siegeszug der deutschen Armeen in Rußland in den Ohren klang, den Entwurf für ein gemeinsames Hirtenwort der deutschen Bischöfe aus, der einen der bemerkenswertesten Texte des deutschen Widerstandes darstellt. Zwei Drittel der Bischöfe der Fuldaer Konferenz haben ihm zugestimmt und waren daher wie Galen für Flucht nach vorn.

Sie liefen damit Gefahr, des Dolchstoßes in den Rücken der kämpfenden Front bezichtigt zu werden; denn es hieß da: „Auch in der Heimat tobt ein Kampf"[18]. In einer auf Massenmobilisie-

16 Vgl. Ludwig Volk, Die Kirche in den deutschsprachigen Ländern (Deutschland, Österreich, Schweiz), in: Hubert Jedin – Konrad Repgen, Die Weltkirche im 20. Jahrundert (= Handbuch der Kirchengeschichte VII) Freiburg im Breisgau 1979, S. 550.

17 Vgl. Brief Pius XII. an Bischof Preysing vom 30. 9. 1941, Druck B. Schneider, Briefe Pius XII., Nr. 76, S. 154–156. Zitat S. 155.

18 Vgl. Entwurf eines gemeinsamen Hirtenwortes vom 15. 11. 1941, Druck: L. Volk, Faulhaber II, Nr. 845 a, S. 827–835. Zitat S. 827.

rung gestimmten Diktion geißelte man die Verfolgung der Kirche und des Christentums durch Partei und Staat, verteidigte man konkret und scharf die allgemeinen Menschenrechte auf „persönliche Freiheit“ und „auf das Leben“ und erklärte: Jeder könne heute in Deutschland ohne Schuld und ohne Richterspruch seine Freiheit, seine Gesundheit, sein Leben verlieren. Niemand vermöge die „Gewaltmaßnahmen der Geheimen Staatspolizei“ zu überprüfen, die „nach Belieben über Tod und Leben“ verfüge. Dem Zerfall des göttlichen und natürlichen Rechts sei ein Ende zu machen – mit Taten; denn „Worte und Versprechungen genügen nicht mehr; wir mußten leider lernen, ihnen gründlich zu mißtrauen“.[19]

Konnte man solche Sätze Ende 1941 öffentlich verlesen lassen? Was würde die Folge sein? Die Verfasser des Textes hielten diese Frage für sekundär. „Entscheidend ist nur die Frage: Was ist im gegenwärtigen Augenblick unsere Pflicht? Was verlangt das Gewissen? Was erwartet Gott, das gläubige deutsche Volk von seinen Bischöfen.“[20] Selbst der nichtchristliche Teil der Bevölkerung wolle „Hilfe und Verteidigung der allgemein menschlichen Rechte durch den deutschen Episkopat“.[21] „Wer sonst“, fragten sie, „soll und kann überhaupt noch göttliches und natürliches Recht in Deutschland verteidigen?“[22]

Dieser Entwurf blieb Entwurf, so daß im Nachhinein nicht mehr kontrollierbar ist, was ein solcher Hirtenbrief damals bewirkt haben würde. Die Aktion scheiterte, weil eine für sie wesentliche Vorbedingung unerfüllt blieb: geschlossenes Auftreten des deutschen Episkopates mit diesem Text. Diese Voraussetzung, völlige Geschlossenheit bei dieser Aktion, hielten alle Beteiligten für unabdingbar. War die Einheit des Episkopats nicht herzustellen, so war der Plan nicht realisierbar; denn eine Spaltung in Kauf zu nehmen, war niemand bereit.

Die Einzelheiten des internen Streits um diesen Hirtenbrief kön-

19 Ebenda S. 835.
20 Vgl. Gründe für die Notwendigkeit des Hirtenworts, Fulda 15. 11. 1941, Druck: ebenda S. 837–838. Zitat S. 838.
21 Ebenda.
22 Ebenda.

nen hier nicht ausgebreitet werden. Festzuhalten ist, daß vor allem Kardinal Bertram mit dezidiertem Nein das Projekt zu Fall gebracht hat. Es gelang ihm zu verhindern, daß die Mehrheit der Bischöfe tun konnte, was sie für richtig hielt: in geschlossener Front und ohne Ausnahme öffentlich zu protestieren.

Dem deutschen Episkopat in seiner Mehrheit kann also schwerlich vorgeworfen werden, daß er damals das Gebot der Stunde nicht erkannt habe. Es kann ihm ebenfalls kaum vorgeworfen werden, daß er der Geschlossenheit des Handelns einen hohen Wert einräumte. Kirchliche Prinzipien, geschichtliche Erfahrungen und tagespolitische Erfordernisse sprachen dafür. Hätte Spaltung nicht Schwächung bedeutet? Es bleibt freilich die Frage, ob es auch in dieser extremen Ausnahmesituation richtig war, die Einheitlichkeit im Handeln zum obersten Entscheidungskriterium zu machen – eine Frage von beunruhigendem Gewicht, die über das rein Historische hinausführt.

Fragt man nach den Motiven der damaligen Minderheit des deutschen Episkopats, so ist man weitgehend auf Vermutungen angewiesen. Bertrams Bedenken von 1937 galten noch immer und galten in gesteigertem Maße; er wollte keine Drosselung der verbliebenen Möglichkeiten der Seelsorge provozieren. Das war eine wohlbedachte Taktik. Gleichwohl stellten sich auch hier beunruhigende Fragen. Hemmte allein das seelsorgerliche Verantwortungsgefühl oder nicht auch eine „Last undifferenzierter Obrigkeitsachtung"?[23] Durfte man darauf verzichten, die Loyalität gegenüber einem Recht und Sittengesetz zertrümmernden Inhaber der Staatsgewalt konsequent in Frage zu stellen? Mußte eine Flucht in die Öffentlichkeit die Dinge notwendig verschlimmern oder versprach sie nicht auch echte Erfolge? Allerdings befreite eine Vorwärtsstrategie nach dem Vorbild Galens die Kirche nicht nur, sondern belastete sie auch: Das Regime behielt sich eine furchtbare Generalabrechnung für die Zukunft vor und dachte an „kalt genießende Rache"[24]. Auch wußte niemand, ob und wie lange das Kirchenvolk einen offenen Konfrontationskurs der Bi-

23 Vgl. L. Volk, Fuldaer Bischofskonferenz II, S. 97.
24 So Goebbels, vgl. Dok. 18 im Dokumentenanhang.

schöfe mittragen würde und inwieweit man es verantworten könne, den Seelsorgsklerus und die Gläubigen den persönlichen Risiken eines solchen Kurses auszusetzen, obgleich manche auf ein ganz deutliches und offenes Wort geradezu warteten.
Der November-Entwurf von 1941 ist also nicht verlesen worden. Aber die deutschen Bischöfe haben nicht geschwiegen. Ein Teil von ihnen griff die Initiative im Frühjahr 1942 in veränderter Form auf. Auch das war nicht wenig. Die Katholiken der westdeutschen Diözesen hörten von ihren Bischöfen: „Jeder Mensch hat das natürliche Recht auf persönliche Freiheit. [...] Deshalb verlangen wir gerichtliche Nachprüfung aller Strafmaßnahmen und Freilassung für alle Volksgenossen, die ohne den Nachweis einer mit Freiheitsentziehung bedrohten Straftat ihrer Freiheit beraubt sind. Jeder Mensch hat das natürliche Recht auf das Leben. [...] Wir Bischöfe werden nicht unterlassen, gegen die Tötung Unschuldiger Verwahrung einzulegen. Niemand ist seines Lebens sicher, wenn nicht unangetastet dasteht: ‚Du sollst nicht töten!'"[25]
Es wurden also im Kriege nicht nur die Sakramente gespendet, sondern auch die Gewissen geschärft und elementare Menschenrechte reklamiert. Der zitierte westdeutsche Hirtenbrief steht nicht allein. Die gesamte Fuldaer Bischofskonferenz erklärte im Dekalog-Hirtenbrief von 1943 die gleichen Dinge und nannte sie genau so beim Namen.

Bilanz und Perspektive

Eine Bilanz des Verhaltens von Kirche und Katholizismus 1933 bis 1945 hat drei Punkte zu behandeln: das Verhalten im Urteil des nationalsozialistischen Gegners, das Verhalten im Selbstverständnis der Kirche und schließlich die Folgewirkungen dieses Verhaltens.

25 Vgl. Hirtenwort der Bischöfe der Kölner und Paderborner Kirchenprovinz vom 20. 3. 1942, Druck: W. Corsten, Kölner Aktenstücke S. 260–266. Zitat S. 260f.

Die katholische Kirche war die wichtigste gesellschaftliche Großgruppe, die im Dritten Reich mit intakten Institutionen und eigenständigem Wertsystem übrig geblieben ist. Der Nationalsozialismus sah deshalb in ihr ein Haupthindernis gegen die Durchsetzung seiner Ziele. Daher legte er es folgerichtig darauf an, die Kirche zu vernichten. Die Reaktion der Kirche auf diesen Angriff bewertete das Regime als Widerstand und zwar als offensiv ausgerichtete, mit aktivem Widerstand vergleichbare Gefolgschaftsverweigerung, nicht nur als defensive Selbstbewahrung.

Die Kirche hingegen hat das, was sie wollte und tat, nicht als aktiven Widerstand betrachtet. Auf den Höhepunkten der Auseinandersetzung hat sie öffentlichen Protest erhoben und hat in die Verteidigung der eigenen Identität die allgemeinen Menschenrechte einbezogen wie in der Enzyklika und in den Galen-Predigten. Im Grundzug aber war sie nicht offensiv, sondern defensiv eingestellt. Sie kämpfte um Selbstbewahrung und trat dem Regime dort entgegen, wo ihre Identität angegriffen wurde. Indem sie um ihren eigenen Freiraum kämpfte, nicht ohne Niederlagen, aber auch nicht erfolglos, setzte sie der nationalsozialistischen Herrschaft Grenzen. Vor allem darin lag ihr Widerstand.

Es haben aber auch Katholiken sich mit dieser defensiven Selbstbewahrung nicht begnügen wollen und die Risiken des aktiven Widerstands auf sich genommen und den Sturz des Regimes betrieben: Namen wie Bernhard Letterhaus, Joseph Wirmer und Alfred Delp SJ stehen für viele. Sie haben dies nicht im Auftrag der kirchlichen Führung getan und sind von dieser dabei auch nicht gestützt worden. Die Bischöfe haben aktiven Widerstand nicht als Sache der Kirche als Kirche verstanden.

Die Frage nach den Folgewirkungen des Verhaltens der katholischen Kirche im Dritten Reich führt in die Zeit nach 1945. Die durch die Frontstellung der Kirche gegen Nationalsozialismus bewahrten und bewährten Normen wurden nicht nur bei den Katholiken, sondern bei weiten Teilen der Bevölkerung als geeignete Bausteine für einen Neubeginn akzeptiert. Durch die Rückkehr zu vorstaatlichem Naturrecht suchte man die Menschenrechte in Gesellschaft und Staat zu verankern. Indem die Kirche mit ihrem Überdauern als Institution diese sittlichen Normen im Bewußtsein gehalten hatte, war eine wichtige Voraussetzung dafür gegeben, daß dieser Neubeginn gelingen konnte – ein Neubeginn mit Menschen, die vom nationalsozialistischen Werte-Nihilismus nicht zerstört worden waren.

Dokumentenanhang

1 Die Bevölkerung des Deutschen Reiches nach der Religionszugehörigkeit 1925, 1933 und 1939

2 Anteil der katholischen Bevölkerung in Deutschland von 1925 (prozentualer Anteil in den Wahlkreisen)

3 Prozentuelle Stimmenzahl der Nationalsozialisten bei der Wahl vom 31. Juli 1932

4 Teilnehmer an der sonntäglichen Eucharistiefeier sowie Nichtteilnehmer 1927–1938 (Katholiken)

5 Kirchenaustritte aus den evangelischen Landeskirchen und aus der katholischen Kirche im Deutschen Reich 1930–1938

6 17. August 1932: Protokoll der Fuldaer Bischofskonferenz betreffend Stellungnahme zur NSDAP (Auszug)

7 17. Februar 1933: Wahlaufruf von 13 katholischen Organisationen (Auszug)

8 28. März 1933: Kundgebung der Fuldaer Bischofskonferenz

9 22. Juli 1933: Kardinal Bertram an Hitler

10 27. März 1934: Bericht der Staatspolizeistelle Köln an das Geheime Staatspolizeiamt in Berlin, betreffend nächtliche Bußfahrt der katholischen Männer und Jungmänner nach Köln-Kalk

11 16. Januar 1937: Stellungnahme Kardinal Schultes für Kardinalstaatssekretär Pacelli (Auszug)

12 14. März 1937: Enzyklika „Mit brennender Sorge“ (Auszug)

13 26. Mai 1941: Bischof von Galen an Bischof Berning (Auszug)

14 9. Juni 1941: Reichsleiter Bormann an die Gauleiter (Auszug)

15 13. August 1941: Vorlage für Reichsleiter Bormann betreffend Predigt Bischof Galens

16 20. März 1942: Hirtenbrief der Bischöfe der Kölner und Paderborner Kirchenprovinz (Auszug)

17 30. April 1943: Pius XII. an Bischof Preysing (Auszug)

1

Die Bevölkerung des Deutschen Reiches nach der Religionszugehörigkeit 1925, 1933 und 1939

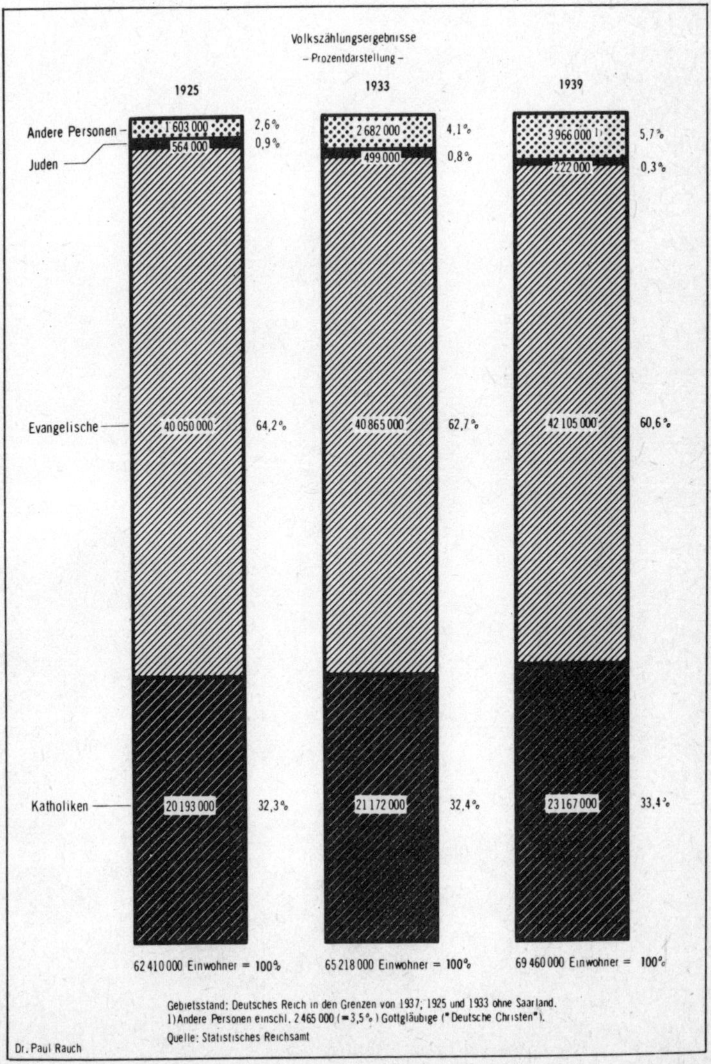

Anteil der katholischen Bevölkerung in Deutschland von 1925 (Prozentualer Anteil in den Wahlkreisen)

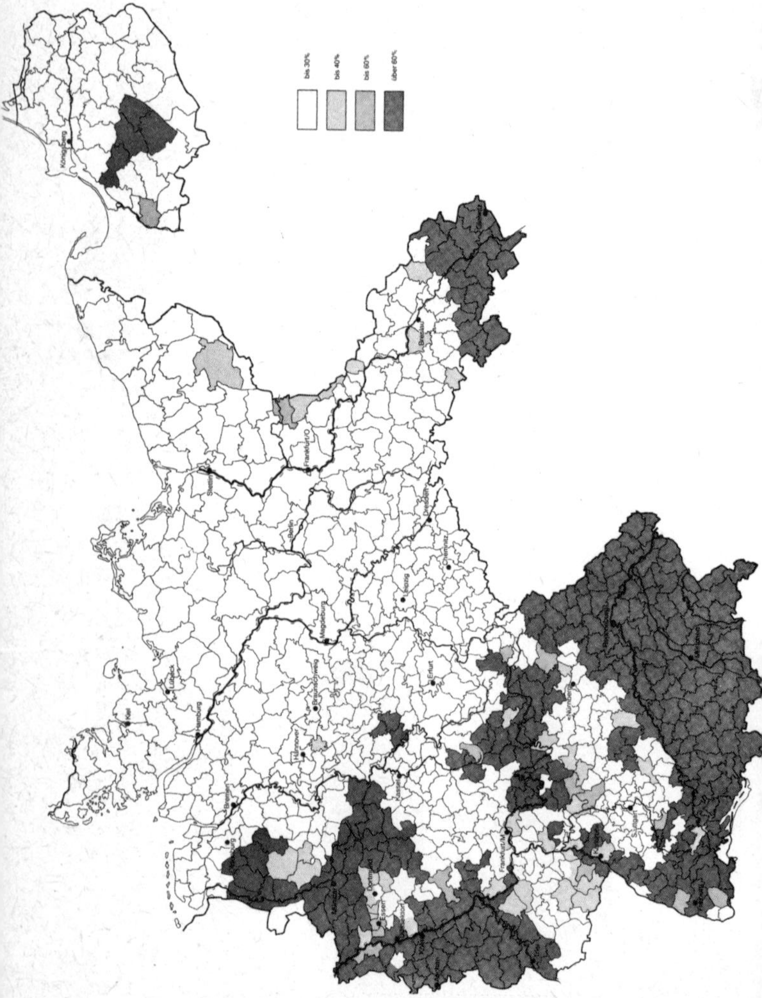

Druck: Arbeitskreis für zeitgeschichtliche Fragen e. V., Bonn 1979

3

Prozentuelle Stimmenzahl der Nationalsozialisten bei der Wahl vom 31. Juli 1932

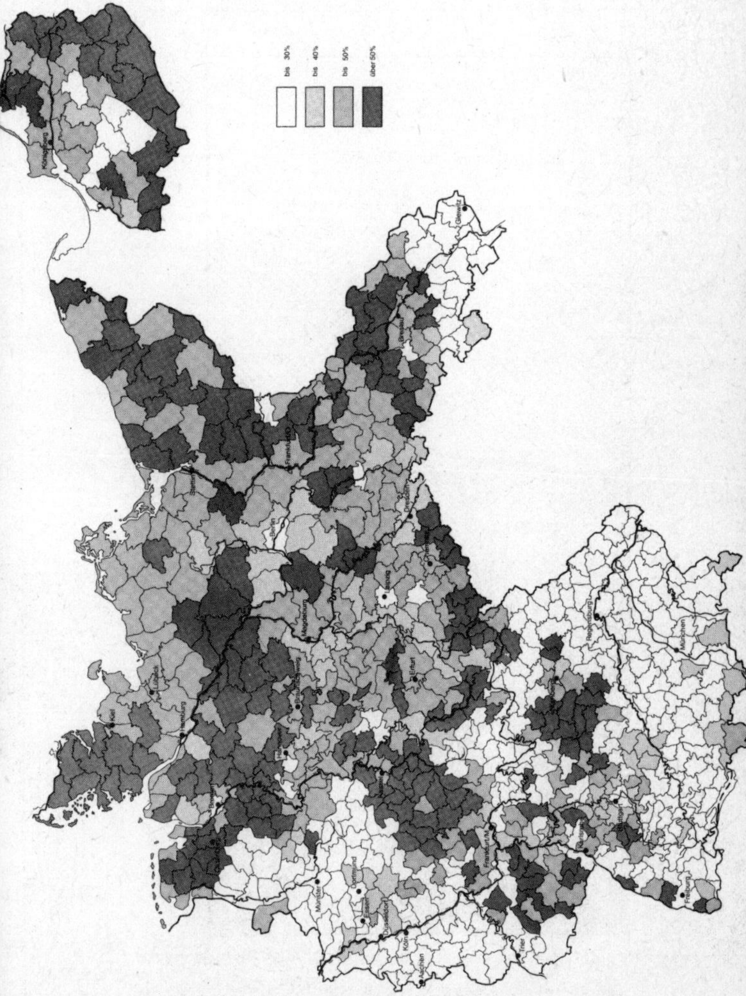

Druck: Arbeitskreis für zeitgeschichtliche Fragen e. V., Bonn 1979

Teilnehmer an der sonntäglichen Eucharistiefeier sowie Nichtteilnehmer 1927–1938 (Katholiken)

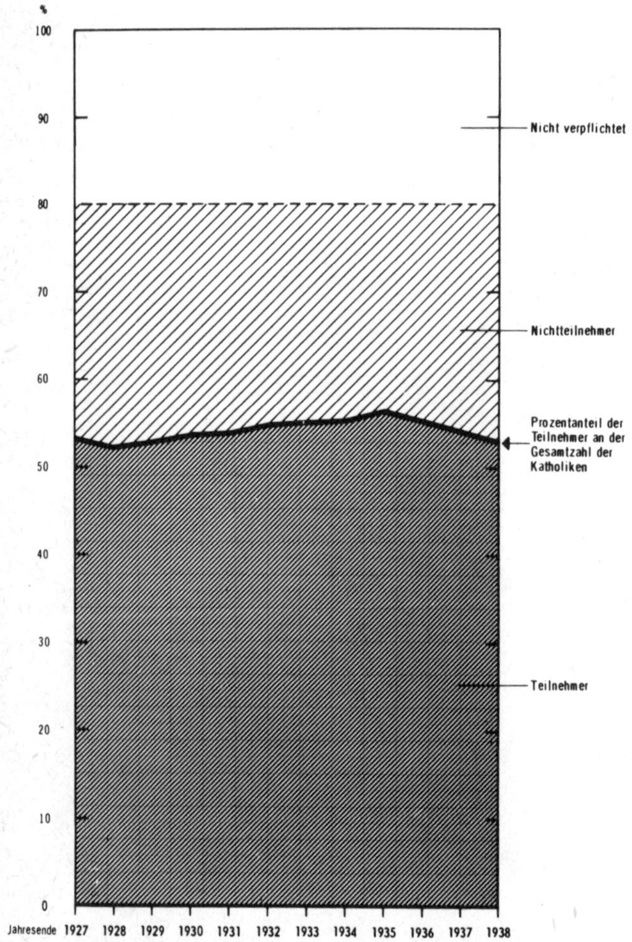

Gebietsstand: Deutsches Reich in den Grenzen von 1937; bis einschl. 1933 ohne Saarland.
Quelle: Kirchliches Handbuch (Amtliche Zentralstelle für Kirchliche Statistik des Katholischen Deutschlands), Bände XVIII – XXII, Köln.

Dr. Paul Rauch

5

Kirchenaustritte aus den evangelischen Landeskirchen und aus der katholischen Kirche im Deutschen Reich 1930–1938

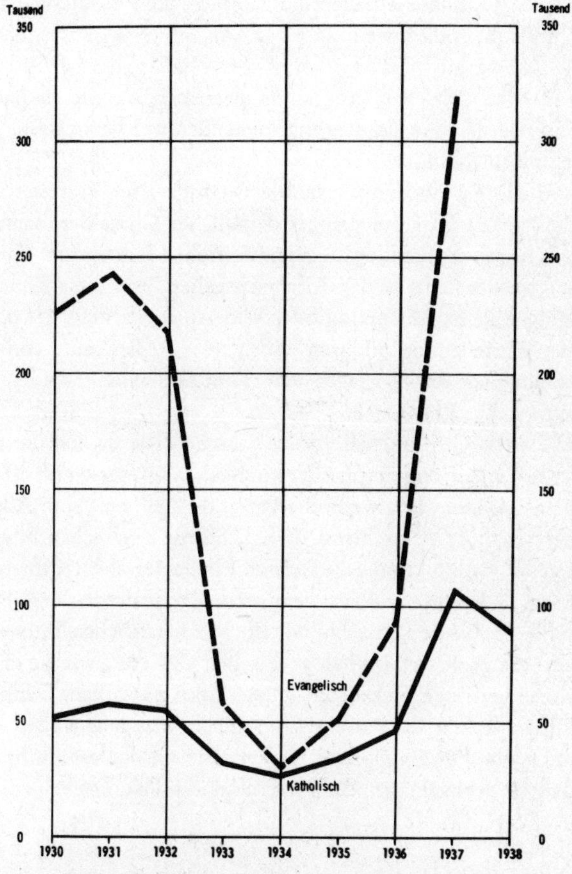

Gebietsstand: Deutsches Reich in den Grenzen von 1937; bis einschließlich 1933 ohne Saaland
Quellen: Evangelische Kirche in Deutschland – Kirchenkanzlei –, Hannover
Kirchliches Handbuch (Amtliche Zentralstelle für Kirchliche Statistik des Katholischen Deutschlands), Bände XVIII – XXII, Köln

Dr. Paul Rauch

6

17. August 1932: Protokoll der Fuldaer Bischofskonferenz betr. Stellungnahme zur NSDAP (Auszug)

1. In prinzipieller Hinsicht.

Sämtliche Ordinariate haben die Zugehörigkeit zu dieser Partei für unerlaubt erklärt, weil

1. Teile des offiziellen Programms derselben, so wie sie lauten und wie sie ohne Umdeutung verstanden werden müssen, Irrlehren enthalten,
2. weil die Kundgebungen zahlreicher führender Vertreter und Publizisten der Partei glaubensfeindlichen Charakter, namentlich feindliche Stellung zu grundsätzlichen Lehren und Forderungen der katholischen Kirche enthalten, und diese Kundgebungen keine Ablehnung oder Widerspruch seitens der obersten Parteileitung erfahren haben; es gilt dies auch von der Stellungnahme in Fragen der konfessionellen Schule, der christlichen Ehe u. a. m.
3. Es ist das Gesamturteil des katholischen Klerus und der treu katholischen Vorkämpfer der kirchlichen Interessen im öffentlichen Leben, daß, wenn die Partei die heiß erstrebte Alleinherrschaft in Deutschland erlangt, für die kirchlichen Interessen der Katholiken die dunkelsten Aussichten sich eröffnen.
4. Es ist nicht entschuldbar, wenn weite Kreise der Partei sich anschließen in der Absicht, nur die wirtschaftlichen Interessen und die Ziele des weltlich politischen Gebietes, wie sie in der Partei vertreten sind, damit unterstützen zu wollen. Denn die Unterstützung der Partei selbst schließt, man mag wollen oder nicht, die Förderung ihrer Gesamtziele ein. Es kommt hinzu, daß die Verheißungen der Partei als unerfüllbar erscheinen.

   [...]

Druck: B. Stasiewski, Bischöfliche Akten I, S. 844–845

7

17. *Februar 1933: Wahlaufruf von 13 katholischen Organisationen (Auszug)*

Eine Zeitenwende wird in Deutschland verkündet. Die Regierung hat Neuwahlen angeordnet, um eine letzte Entscheidung herbeizuführen. Die im Besitz der politischen Macht sind, sprechen von einem neuen Aufbau aller staatlichen, wirtschaftlichen und geistig-sittlichen Verhältnisse. Als Vertreter großer Verbände der deutschen Katholiken fühlen wir uns in dieser schicksalsschweren Stunde verpflichtet, öffentlich folgendes auszusprechen:

Wir haben den entschiedenen und unbeugsamen Willen, an der Schicksalsgestaltung unseres Reiches und Volkes zu neuer Größe und allgemeiner Wohlfahrt mitzuwirken. Was wir aus tiefster Verantwortung als unsere pflichtmäßige Aufgabe an und in der Nation betrachten, kann uns von niemand streitig gemacht werden. Aus dieser gewissenhaften Verantwortung heraus sagen wir: Was sich seit Mitte März vorigen Jahres in unserem Lande ereignet hat, ist ein nationales Verderben.

Das Volk verwirrt, das Rechtsbewußtsein erschüttert, die Kluft zwischen den sozialen Schichten vertieft, Haß, Feindschaft und Gewalttat überall – das ist die Lage. Angesichts dieser Not, die tiefer geht als alles andere, erheben wir unsere Stimme. Recht und Gerechtigkeit ist die Sehnsucht, die durch unsere Zeit geht. Weite Kreise des Volkes haben den Eindruck, daß gewisse Machthaber keine Hochachtung vor den verfassungsmäßigen Volks- und Landesrechten haben, und daß sie messen mit zweierlei Maß.

Damit ist der Glaube an die Autorität des Rechts ins Wanken gekommen und die Unsicherheit unserer Tage entstanden. Recht und Gerechtigkeit müssen aber die Grundlagen bleiben, auch für unser Land und Volk. [...]

Dem Bolschewismus und der Gottlosigkeit sagt man den Kampf an. Aber man versucht nicht, sie von innen her zu überwinden, wie es unsere Volksverbände in ernster Anstrengung seit Jahren getan haben. Statt dessen ahmt man Bolschewismus nach, in

Wortprägungen und Losungen. Wir erfahren es: Bolschewismus kann auch werden unter nationalem Vorzeichen.
Wir erklären, daß wir den Kampf führen werden gegen alle Formen des Bolschewismus.
Wer unser Land und Volk erhalten, wer der Nation wahrhaft dienen will, muß mit uns heute bekennen:
Deutschland darf nicht den Extremen ausgeliefert werden; weder rechts noch links. [...]

Druck: B. Stasiewski, Bischöfliche Akten I, S. 3–5.

8

28. März 1933: Kundgebung der Fuldaer Bischofskonferenz

Die Oberhirten der Diözesen Deutschlands haben aus triftigen Gründen, die wiederholt dargelegt sind, in ihrer pflichtmäßigen Sorge für Reinerhaltung des katholischen Glaubens und für Schutz der unantastbaren Aufgaben und Rechte der katholischen Kirche in den letzten Jahren gegenüber der nationalsozialistischen Bewegung eine ablehnende Haltung durch Verbote und Warnungen eingenommen, die solange und insoweit in Geltung bleiben sollten, wie diese Gründe fortbestehen.
Es ist nunmehr anzuerkennen, daß von dem höchsten Vertreter der Reichsregierung, der zugleich autoritärer Führer jener Bewegung ist, öffentlich und feierlich Erklärungen gegeben sind, durch die der Unverletzlichkeit der katholischen Glaubenslehre und den unveränderlichen Aufgaben und Rechten der Kirche Rechnung getragen, sowie die vollinhaltliche Geltung der von den einzelnen deutschen Ländern mit der Kirche abgeschlossenen Staatsverträge durch die Reichsregierung ausdrücklich zugesichert wird. Ohne die in unseren früheren Maßnahmen liegende Verurteilung bestimmter religiös-sittlicher Irrtümer aufzuheben, glaubt daher der Episkopat das Vertrauen hegen zu können, daß die vorbezeichneten allgemeinen Verbote und Warnungen nicht mehr als notwendig betrachtet zu werden brauchen.

Dem politiſchen Katholizismus
Sage mir, mit wem du Umgang pflegſt und ich ſage dir, wer du biſt.

Karikatur des antisemitischen Hetzblattes »Der Stürmer«

Pater Alfred Delp SJ vor dem Volksgerichtshof

Dompropst Bernhard Lichtenberg, Berlin

Fronleichnamsprozession in München 1945

Für die katholischen Christen, denen die Stimme ihrer Kirche heilig ist, bedarf es auch im gegenwärtigen Zeitpunkte keiner besonderen Mahnung zur Treue gegenüber der rechtmäßigen Obrigkeit und zur gewissenhaften Erfüllung der staatsbürgerlichen Pflichten unter grundsätzlicher Ablehnung allen rechtswidrigen oder umstürzlerischen Verhaltens.
In Geltung bleibt die so oft in feierlicher Kundgebung an alle Katholiken ergangene Mahnung, stets wachsam und opferfreudig einzutreten für Frieden und soziale Wohlfahrt des Volkes, für Schutz der christlichen Religion und Sitte, für Freiheit und Rechte der katholischen Kirche und Schutz der konfessionellen Schule und katholischen Jugendorganisationen.
In Geltung bleibt ferner die Mahnung an die politischen und ähnlichen Vereine und Organisationen, in Gotteshaus und kirchlichen Funktionen aus Ehrfurcht vor der Heiligkeit derselben zu vermeiden, was als politische oder parteimäßige Demonstration erscheinen und daher Anstoß erregen kann.
In Geltung bleibt endlich die so oft und eindringlich ergangene Aufforderung, für Ausbreitung und Wirksamkeit der katholischen Vereine, deren Arbeit so überaus segensreich ist für Kirche, Volk und Vaterland, für christliche Kultur und sozialen Frieden, stets mit weitblickender Umsicht und mit treuer opferwilliger Einigkeit einzutreten.

Druck: B. Stasiewski, Bischöfliche Akten I, S. 30–32.

9

22. Juli 1933: Kardinal Bertram an Hitler

Anerkennung und Dank aus Anlaß des Abschlusses des Reichskonkordates namens der in der Fuldaer Bischofskonferenz vereinigten Oberhirten auszusprechen, ist der Zweck dieser Zeilen.
Der Episkopat aller Diözesen Deutschlands hat, wie die öffentlichen Kundgebungen beweisen, sobald es nach der Neugestaltung der politischen Verhältnisse durch Eurer Exzellenz Erklärungen

ermöglicht wurde, sogleich die aufrichtige und freudige Bereitwilligkeit ausgesprochen, nach bestem Können zusammenzuarbeiten mit der jetzt waltenden Regierung, die die Förderung von christlicher Volkserziehung, die Abwehr von Gottlosigkeit und Unsittlichkeit, den Opfersinn für das Gemeinwohl und den Schutz der Rechte der Kirche als Leitsterne ihres Wirkens aufgestellt hat. Daß die harmonische Zusammenarbeit von Kirche und Staat zur Erreichung dieser hohen Ziele im Reichskonkordate einen feierlichen Ausdruck und feste, klare Grundlinien gefunden hat, ist insbesondere nächst der Weisheit des H[ei]l[igen] Stuhles dem staatsmännischen Weitblick und der Tatkraft der Reichsregierung zu verdanken. Mit dem tiefen und herzlichen Danke für die rasche Verwirklichung dieser Vereinbarung der höchsten Gewalten verbindet der Episkopat den dringenden Wunsch, daß auch in der Ausführung und Auswirkung derselben ein herzliches und aufrichtiges Entgegenkommen herrschen möge, damit es der Kirche um so leichter werde, die hohen Kräfte unserer h[ei]l[igen] Religion in Förderung von Gottesglauben, Sittlichkeit und treuem Gehorsam gegen die leitenden Autoritäten segensreich zum Wohle von Volk und Vaterland zu entfalten.

Druck: B. Stasiewski, Bischöfliche Akten I, S. 269.

10

27. März 1934: Bericht der Staatspolizeistelle Köln an das Geheime Staatspolizeiamt in Berlin, betreffend nächtliche Bußfahrt der katholischen Männer und Jungmänner nach Köln-Kalk.

In der Nacht zum 17. März 1934 fand in Köln wie in den Vorjahren die nächtliche Bußwallfahrt der katholischen Männerwelt Kölns nach dem Gnadenbild der Gottesmutter in Köln-Kalk statt. Als Sammelpunkt hatte man den Heumarkt gewählt, wo in unübersehbaren Scharen die Wallfahrer aus den Kölner Dekanaten und den Pfarreien der näheren und weiteren Umgebung zusammenströmten. Um 22.50 Uhr, als die letzten Teilnehmer an der Bußfahrt den Sammelpunkt erreicht hatten, begann der Abmarsch vom Heumarkt, der bis kurz nach 24 Uhr dauerte. In Gruppen zu viert bewegte sich der Zug durch die Straßen Kölns. Schätzungsweise 25000 Männer und Jungmänner haben sich an der Bußfahrt beteiligt. Die in der Tagespresse angegebene Zahl von 38000 Teilnehmern dürfte stark übertrieben sein.

Jeder Pfarrei-Gruppe wurde ein großes Kreuz vorangetragen. Fahnen und Wimpel wurden im Zuge nicht mitgeführt. Vom Gnadenbild der Gottesmutter nahm die Bußfahrt ihren Weg zurück zum Dom, wo sie nach einer kurzen Andacht und dem Schlußsegen, den der Erzbischof Kardinal Schulte spendete, ihr Ende fand.

An der Wallfahrt nahmen auch ein SA-Mann und ein Hitlerjunge in Uniform teil. Ein Nachrichtendienstleiter der NSDAP stellte die Personalien dieser Personen fest.

Während der Pilgerfahrt, die sich in vollster Ordnung und Disziplin vollzog, ist es zu irgendwelchen Störungen nicht gekommen. Es ist politisch bemerkenswert und aufschlußreich, daß sich die katholische Bevölkerung Kölns, und besonders die Männerwelt, in letzter Zeit stark zusammenschließt und an den kirchlichen Feiern und Veranstaltungen in derart großer Anzahl teilnimmt, wie man es kaum in den Vorjahren jemals erleben konnte. Auch die nächtliche Bußfahrt nach Köln-Kalk wies gegenüber den Vorjahren eine außerordentlich verstärkte Teilnehmerzahl auf. Der Grund wird darin zu suchen sein, daß man die gegen die katholischen Verbände usw. getroffenen Maßnahmen nicht billigt und nun in aller Öffentlichkeit zeigen will, daß man nach wie vor treu zur katholischen Kirche steht. Unter diesem Gesichtswinkel gesehen, kommt der Bußfahrt nach Köln-Kalk zweifellos der Charakter einer politischen Demonstration zu. Daß eine Aufputschung durch die katholische Geistlichkeit erfolgt, ist durch Vorfälle dokumentiert.

Das Dokument ist inhaltlich wiedergegeben in: Widerstand und Verfolgung in Köln 1933–1945, Köln 1974, S. 250. Das Original befindet sich im Staatsarchiv Koblenz, 403/16844.

11

16. Januar 1937: Stellungnahme Kardinal Schultes für Kardinalstaatssekretär Pacelli (Auszug)

Der entscheidende Träger des politischen Willens im Dritten Reich ist nicht die Regierung, sondern die Partei. Deren eigentliches kirchenpolitisches Programm ergibt sich nicht aus den von taktischen Erwägungen bestimmten Regierungserklärungen und -verträgen, auch nicht aus den für die breite Öffentlichkeit bestimmten Formulierungen der Partei und ihrer führenden Persönlichkeiten, deren Anpassung an die taktischen Bedürfnisse des Augenblickes oft genug später zugegeben wurde; wohl aber aus den streng geheim gehaltenen einheitlichen vertraulichen Instruktionen an die Kreise der Führer und aus der Literatur, die, ohne in jedem Falle als parteiamtlich erklärt zu sein, tatsächlich zur geistigen Formierung der heutigen und zukünftigen Führerklasse verwandt wird, darüber hinaus aber auch aus den von Staats- und Parteiorganen unbekümmert um Gesetze, Verträge, Versprechungen und programmatische Kundgebungen tatsächlich ergriffenen kultur-politischen Maßnahmen, die zwar eine nach Zeit und Ort verschiedene Taktik, aber im wesentlichen sehr einheitliche und klare Grundlinie erkennen lassen.

Diese zuverlässigen Erkenntnisquellen haben im Verlaufe von vier Jahren mehr als genug Material zu Tage gefördert, um heute ohne Furcht vor Irrtum behaupten zu können:

1. Man will grundsätzlich und definitiv die Vernichtung des Christentums und insbesondere der katholischen Religion oder doch wenigstens ihre Zurückführung auf einen Zustand, der vom Standpunkte der Kirche mit Vernichtung gleichbedeutend wäre.
2. Wenn man vorübergehend auf die Anwendung aller Machtmittel des totalitären Staates zur Durchführung dieses christentumsfeindlichen Programmes verzichtet, so liegt der Grund immer in der Rücksicht auf die Erhaltung und Sicherung der eigenen Machtposition.
3. Völlig aussichtslos ist es, durch Belehrungen historischen

und spekulativen Inhaltes die Führerschicht von der Unrichtigkeit und Zweckwidrigkeit ihres christentumsfeindlichen Standpunktes zu überzeugen, der nun einmal in bewußter Willkür als in blindem Glauben festzuhaltendes Grunddogma von ihr angenommen und unzähligemale als solches verkündet worden ist.

Aus dem Gesagten ergibt sich, daß nach menschlichem Ermessen der Vernichtungskampf gegen die Kirche nur dann haltmachen wird, wenn er auf einen Widerstand stößt, der vom Standpunkte der allgemeinen Machtpolitik des Gegners als bedenklich erscheint, wobei sowohl inner- als außenpolitische Erwägungen eine Rolle spielen könnten. Vom Standpunkte des katholischen Gewissens aber, das auch an seinen staatsbürgerlichen Verpflichtungen unverbrüchlich festhält, ist ein solcher Widerstand nur in einer Form denkbar, nämlich so, daß möglichst breite Schichten glaubensfreudiger und opferwilliger Katholiken einheitlich die Mitwirkung bei glaubensfeindlichen Maßnahmen ablehnen und die Rechte ihres katholischen Gewissens mutig reklamieren. Das wird nicht überall in gleichen Formen wie in Cloppenburg geschehen können, es würde auch genügen, wenn nur in irgendwie erkennbarer Weise und dauernd zu Tage träte, daß die dort offenbar gewordene Gesinnung auch anderwärts von breiten Schichten der Katholiken geteilt wird.

Dieser Zustand aber wird von selbst eintreten, wenn alle nur möglichen und an sich schon pflichtmäßigen Mittel der gewöhnlichen Seelsorge in Anpassung an die besonderen Erfordernisse der Zeit angewandt werden. Auf einem Teilgebiet der kirchlichen Belehrung zeigten beispielsweise jetzt schon gute Frucht die „Katechismuswahrheiten". Es ist nur zu wünschen, daß ihre einheitliche und beharrliche Auswertung nicht allmählich, wenn sie den Reiz des Neuen verloren haben, einschläft, sondern Wortlaut und Sinn immer wieder aufs neue den Gläubigen eingeprägt wird. Von günstigem Einfluß auf das Verhalten der gutwilligen Gläubigen wird es auch sein, wenn sie in den durch den Schulkampf und die Austrittsbewegung verursachten Seelsorgs- und Gewissensfragen eine einheitliche, feste und klare Führung merken. Wesentlichstes Ziel aller Seelsorge aber muß sein, das Glaubensleben in möglichst vielen Katholiken so zu vertiefen und zu stärken, daß sie den Prüfungen der Zeit gewachsen sind, auch wenn Bekennertreue von ihnen verlangt wird. [...]

Druck: Ludwig Volk, Kompaß im Kirchenkampf. Ein Kölner Strategiepapier aus dem Jahre 1937 in: Rheinischer Merkur vom 13. Oktober 1978.

12

14. März 1937: Enzyklika „Mit brennender Sorge" (Auszug)

Mit brennender Sorge und steigendem Befremden beobachten Wir seit geraumer Zeit den Leidensweg der Kirche, die wachsende Bedrängnis der ihr in Gesinnung und Tat treubleibenden Bekenner und Bekennerinnen inmitten des Landes und des Volkes, dem St. Bonifatius einst die Licht- und Frohbotschaft von Christus und dem Reiche Gottes gebracht hat. [...]
Als Wir, Ehrwürdige Brüder, im Sommer 1933 die Uns von der Reichsregierung in Anknüpfung an einen jahrealten früheren Entwurf angetragenen Konkordatsverhandlungen aufnehmen und zu Euer aller Befriedigung mit einer feierlichen Vereinbarung abschließen ließen, leitete Uns die pflichtgemäße Sorge um die Freiheit der Kirchlichen Heilsmission in Deutschland und um das Heil der ihr anvertrauten Seelen – zugleich aber auch der aufrichtige Wunsch, der friedlichen Weiterentwicklung und Wohlfahrt des deutschen Volkes einen wesentlichen Dienst zu leisten.
Trotz mancher schwerer Bedenken haben Wir daher Uns damals den Entschluß abgerungen, Unsere Zustimmung nicht zu versagen. Wir wollten Unsern treuen Söhnen und Töchtern in Deutschland im Rahmen des Menschenmöglichen die Spannungen und Leiden ersparen, die andernfalls unter den damaligen Verhältnissen mit Gewißheit zu erwarten gewesen wären. Wir wollten allen durch die Tat beweisen, daß Wir, einzig Christus suchend und das, was Christi ist, niemandem die Friedenshand der Mutterkirche verweigern, der sie nicht selbst zurückstößt.

Wenn der von Uns in lauterer Absicht in die deutsche Erde gesenkte Friedensbaum nicht die Früchte gezeitigt hat, die Wir im Interesse Eures Volkes ersehnten, dann wird niemand in der weiten Welt, der Augen hat, zu sehen, und Ohren, zu hören, heute noch sagen können, die Schuld liege auf seiten der Kirche und ihres Oberhauptes. Der Anschauungsunterricht der vergangenen Jahre klärt die Verantwortlichkeiten. Er enthüllt Machenschaften, die von Anfang an kein anderes Ziel kannten als den Vernichtungskampf. In die Furchen, in die Wir den Samen aufrichtigen Friedens zu pflanzen bemüht waren, streuten andere – wie der inimicus homo der Hl. Schrift (Matth. 13,25) – die Unkrautkeime des Mißtrauens, des Unfriedens, des Hasses, der Verunglimpfung, der heimlichen und offenen, aus tausend Quellen gespeisten und mit allen Mitteln arbeitenden grundsätzlichen Feindschaft gegen Christus und seine Kirche. Ihnen und nur ihnen, sowie ihren stillen und lauten Schildhaltern fällt die Verantwortung dafür zu, daß statt des Regenbogens des Friedens am Horizont Deutschlands die Wettervolke zersetzender Religionskämpfe sichtbar ist.
Wir sind, Ehrwürdige Brüder, nicht müde geworden, den verantwortlichen Lenkern der Geschicke Eures Landes die Folgen darzustellen, die aus dem Gewährenlassen oder gar aus der Begünstigung solcher Strömungen sich zwangsweise ergeben müßten. Wir haben alles getan, um die Heiligkeit des feierlich gegebenen Wortes, die Unverbrüchlichkeit der freiwillig eingegangenen Verpflichtungen zu verteidigen gegen Theorien und Praktiken, die – falls amtlich gebilligt – alles Vertrauen töten und jedes auch in Zukunft gegebene Wort innerlich entwerten müßten. Wenn einmal die Zeit gekommen sein wird, diese Unsere Bemühungen vor den Augen der Welt offenzulegen, werden alle Gutgesinnten wissen, wo sie die Friedenswahrer und wo die Friedensstörer zu suchen haben. Jeder, dessen Geist sich noch einen Rest von Wahrheitsempfinden, dessen Herz sich noch einen Schatten von Gerechtigkeitsgefühl bewahrt hat, wird dann zugeben müssen, daß in diesen schweren und ereignisvollen Jahren der Nachkonkordatszeit jedes Unserer Worte und jede Unserer Handlungen unter dem Gesetz der Vereinbarungstreue standen. Er wird aber auch

mit Befremden und innerster Ablehnung feststellen müssen, wie von der anderen Seite die Vertragsumdeutung, die Vertragsumgehung, die Vertragsaushöhlung, schließlich die mehr oder minder öffentliche Vertragsverletzung zum ungeschriebenen Gesetz des Handelns gemacht wurden. [...]

Habet acht, Ehrwürdige Brüder, daß vor allem der Gottesglaube, die erste und unersetzbare Grundlage jeder Religion, in deutschen Landen rein und unverfälscht erhalten bleibe. Gottgläubig ist nicht, wer das Wort Gott rednerisch gebraucht, sondern nur, wer mit diesem hehren Wort den wahren und würdigen Gottesbegriff verbindet.
Wer in pantheistischer Verschwommenheit Gott mit dem Weltall gleichsetzt, Gott in der Welt verweltlicht und die Welt in Gott vergöttlicht, gehört nicht zu den Gottgläubigen.
Wer nach angeblich altgermanisch-vorchristlicher Vorstellung das düstere unpersönliche Schicksal an die Stelle des persönlichen Gottes rückt, leugnet Gottes Weisheit und Vorsehung, die „kraftvoll und gütig von einem Ende der Welt bis zum andern waltet“ (Weisheit 8,1) und alles zum guten Ende leitet. Ein solcher kann nicht beanspruchen, zu den Gottgläubigen gerechnet zu werden.
Wer die Rasse oder das Volk oder den Staat oder die Staatsform, die Träger der Staatsgewalt oder andere Grundwerte menschlicher Gemeinschaftsgestaltung – die innerhalb der irdischen Ordnung einen wesentlichen und ehrengebietenden Platz behaupten – aus dieser ihrer irdischen Wertskala herauslöst, sie zur höchsten Norm aller, auch der religiösen Werte macht und sie mit Götzenkult vergöttert, der verkehrt und fälscht die gottgeschaffene und gottbefohlene Ordnung der Dinge. Ein solcher ist weit von wahrem Gottesglauben und einer solchem Glauben entsprechenden Lebensauffassung entfernt. [...]

Druck: D. Albrecht, Notenwechsel I, S. 404–443.

13

26. Mai 1941: Bischof von Galen an Bischof Berning (Auszug)

[...]
Es scheint mir nachgerade höchste Zeit zu sein, daß wir einmal in einer gemeinsamen Besprechung uns darüber klar und einig werden, ob wir die Fortführung des uns aufgezwungenen Abwehrkampfes in der bisherigen, fast ganz passiven Weise noch verantworten können. Die Kriegszeit legt uns zwar Zurückhaltung nahe. Aber wenn die Gegenseite diese unsere Zurückhaltung anscheinend nur als Schwäche oder Feigheit deutet, und gerade die Kriegszeit benutzt, um mit der Freiheit und den Rechten der Kirche in brutalem Vorgehen aufzuräumen, ist doch die Frage zu prüfen, ob nicht gerade die Liebe zur gesunden Entwicklung unseres Volkslebens uns als deutsche Männer bestimmen muß, freimütig und öffentlich für die Wahrung von Recht und Freiheit einzutreten. Als katholische Bischöfe haben wir nicht nur die göttlichen Offenbarungswahrheiten zu verkündigen und zu verteidigen, sondern auch die Pflicht, der Kirche ihre Freiheit und ihre Rechte zu erhalten. [...]

Ich frage mich, ob wir nicht mehr tun müssen als bisher, „pro tuenda Ecclesiae libertate“. Ist es nicht unsere heilige Kirche, die in der Ostmark, besonders in Tirol, in den neuerworbenen Gebieten des Ostens und des Westens beraubt, bedrückt, geknebelt, fast ausgerottet wird? Ist es nicht unsere Kirche, die man in Banden schlägt und mundtot machen will, wenn man Priester, wie unseren Religionslehrer Friedrichs, wie Vikar Gillmann und andere ohne Gerichtsurteil und die Möglichkeit der Verteidigung einsperrt und gefangen hält, einzig deswegen, weil sie erfolgreich für unsere heilige Religion arbeiten?

Die Freiheit der Kirche wird vergewaltigt, wenn man Klöster aufhebt und beschlagnahmt und Ordensleute vertreibt, wie jetzt in Meppen!

Die Freiheit der Kirche und des Einzelchristen wird verletzt, wenn man den Eintritt in Ordensgenossenschaften unmöglich macht!

Die Freiheit der Kirche wird geknebelt, wenn man die Schriftenstände und die Kirchenblätter verbietet, die Pfarrbüchereien schließt und beschlagnahmt!
Die Freiheit der Kirche und das Recht der Christen auf die Tröstungen der Religion wird unerhört eingeschränkt durch den Runderlaß des Reichsinnenministers vom 9. April 1941 über „Die Betätigung der Glaubensgemeinschaften in Krankenanstalten". Usw.
Fast untragbarer Eingriff in die Freiheit der Kirche ist der Führererlaß über den Beginn des Gottesdienstes an Tagen nach Fliegeralarm und seine Durchführung, während das Geschäftsleben und der Schulbetrieb, ebenso der HJ-Dienst etc. sich nicht darum kümmern brauchen. Man beschwindelt Exzellenz Wienken in Berlin, indem man ihm Erlasse vorzeigt, wonach HJ-Dienst und Schule ebenfalls an Tagen nach Fliegeralarm erst um 10 Uhr beginnen dürfen. Denn diese Erlasse werden im Lande nicht beachtet und durchgeführt.
Ein ganz unerhörter Angriff auf die Freiheit der Kirche und der Religionsübung ist der Erlaß über „Himmelfahrtstag und Fronleichnam 1941" im Schnellbrief vom 17. Mai 1941. Die staatliche Verordnung, „kirchliche Veranstaltungen sind auf den Umfang der Veranstaltungen an gewöhnlichen Werktagen zu beschränken", mit der zugehörigen Strafandrohung für Zuwiderhandlungen zeigt doch erschreckend, was man unserer oft erprobten Nachgiebigkeit schon zu bieten wagt, zeigt doch, daß man sich vor keinem Eingriff in die internsten Angelegenheiten der Kirche scheut! (Einen ähnlich unerhörten Eingriff sehe ich in dem Verbot der „Ohrenbeichte" für die Polen.) Wenn wir das ohne öffentlichen Protest hinnehmen dürfen, wo ist dann überhaupt noch der Punkt, an dem es für uns Pflicht wird, für die Freiheit der Kirche öffentlich einzutreten und gegebenenfalls die eigene Freiheit und das Leben zum Opfer zu bringen?
Exzellenz, auch ich habe dieses, wie vieles andere, bisher ohne öffentlichen Protest hingehen lassen. Ich habe mein Gewissen immer wieder damit zur Ruhe gebracht, daß ich mir sagte: Wenn der Kardinal Bertram und so viele andere Bischöfe, die an Alter, Erfahrung und Tugend mir überlegen sind, bei all dem ruhig blei-

ben und sich mit den papierenen und wirkungslosen, der Öffentlichkeit unbekannten Protesten des Vorsitzenden der Fuldaer Bischofskonferenz begnügen, dann wäre es anmaßend und für die anderen hochwürdigsten Herren ehrenkränkend, vielleicht auch töricht und verkehrt, wenn ich durch eine „Flucht in die Öffentlichkeit" mich vordrängen und möglicherweise sogar noch brutalere Maßnahmen gegen die Kirche provozieren würde. Aber ich kann mein Gewissen mit solchen Argumenten „ex auctoritate" bald nicht mehr zur Ruhe bringen. Ich denke oft an den hl. Thomas Morus und sein Verhalten gegen das Argument „ex auctoritate". Mir fallen immer wieder ein die „canes muti, non valentes latrare", von denen Isaias spricht, indem er beifügt: „Ipsi pastores ignoraverunt intelligentiam." War das nur im Alten Bunde möglich?

Euer Exzellenz bitte ich inständig, beim nächsten Konveniat der westdeutschen Bischöfe eine gründliche Aussprache über die Fragen herbeizuführen und zuzulassen: „Sind die bisherigen Maßnahmen der letzten Zeit gegen die Freiheit der Kirche noch nicht eine Überschreitung dessen, was wir ‚ad majora mala vitanda' ohne öffentlichen Protest oder mindestens passiven Widerstand hinnehmen können? An welchem Punkt werden wir einmütig und geschlossen, zum mindesten durch Nichtbefolgung der Anordnung, selbst für die Freiheit der Kirche eintreten, und den Einsatz unserer Priester verlangen und stützen?" [...]

Druck: Ludwig Volk, Clemens August Graf von Galen, Schweigen oder Bekennen? Zum Gewissensentscheid des Bischofs von Münster im Sommer 1941, in: Stimmen der Zeit 194 (1976) S. 219–224.

14

9. Juni 1941: Rundschreiben Reichsleiter Bormanns an die Gauleiter (Auszug)

Betrifft: Verhältnis von Nationalsozialismus und Christentum

Aus Kreisen der Deutschen Christen wurde einem Gauleiter ein

Schriftwechsel mit dem evangelischen Oberkirchenrat unterbreitet, in dem der Einsender für eine „starke einheitlich geleitete Deutsche evangelische Kirche im Großdeutschen Reiche“ eintritt. Der Gauleiter hat mir diesen Schriftwechsel vorgelegt und mich um die Bekanntgabe der grundsätzlichen Einstellung dazu gebeten. Nachstehend gebe ich Ihnen streng vertrauliche Kenntnis von meiner Antwort an diesen Gauleiter:

„Nationalsozialistische und christliche Auffassungen sind unvereinbar. Die christlichen Kirchen bauen auf der Unwissenheit der Menschen auf und sind bemüht, die Unwissenheit möglichst weiter Teile der Bevölkerung zu erhalten, denn nur so können die christlichen Kirchen ihre Macht bewahren. Demgegenüber beruht der Nationalsozialismus auf wissenschaftlichen Fundamenten. Das Christentum hat unveränderliche Grundsätze, die vor fast 2000 Jahren gesetzt und immer mehr zu wirklichkeitsfremden Dogmen erstarrt sind. Der Nationalsozialismus dagegen muß, wenn er seine Aufgabe auch weiterhin erfüllen soll, stets nach den neuesten Erkenntnissen der wissenschaftlichen Forschung ausgerichtet werden. Die christlichen Kirchen haben die Gefahren, die ihrem Bestand durch die exakten wissenschaftlichen Erkenntnisse drohten, seit jeher erkannt und sich daher bemüht, durch eine Scheinwissenschaft, wie es die Theologie ist, die wissenschaftliche Forschung durch ihr Dogma zu unterdrücken oder zu verfälschen.

Unser nationalsozialistisches Weltbild aber steht weit höher als die Auffassung des Christentums, die in ihren wesentlichen Punkten vom Judentum übernommen worden sind. Auch aus diesem Grunde bedürfen wir des Christentums nicht. [...]

Alle Einflüsse, die die durch den Führer mit Hilfe der NSDAP ausgeübte Volksführung beeinträchtigen oder gar schädigen könnten, müssen ausgeschaltet werden. Immer mehr muß das Volk den Kirchen und ihren Organen, den Pfarrern, entwunden werden. Selbstverständlich werden und müssen, von ihrem Standpunkt betrachtet, die Kirchen sich gegen diese Machteinbuße wehren. Niemals aber darf den Kirchen wieder ein Einfluß auf die Volksführung eingeräumt werden.

Dieser muß restlos und endgültig gebrochen werden. Nur die

Reichsführung und in ihrem Auftrage die Partei, ihre Gliederungen und angeschlossenen Verbände haben ein Recht zur Volksführung.
Ebenso wie die schädlichen Einflüsse der Astrologen, Wahrsager und sonstigen Schwindler ausgeschaltet und durch den Staat unterdrückt werden, muß auch die Einflußmöglichkeit der Kirche restlos beseitigt werden. Erst, wenn dies geschehen ist, hat die Staatsführung den vollen Einfluß auf die einzelnen Volksgenossen. Erst dann sind Volk und Reich für alle Zukunft in ihrem Bestande gesichert. [...]

Druck: F. Zipfel, Kirchenkampf in Deutschland, S. 512–516.

15

13. August 1941: Vorlage für Reichsleiter Bormann betreffend Predigt Bischof Galens

Dr. Goebbels sprach nach der Ministerkonferenz mit mir wegen der Predigt des Bischofs von Münster. Er wisse nicht, was man im Augenblick Wirksames tun könne.
Ich erklärte ihm, daß es im Augenblick meines Erachtens nur ein wirksames Mittel gäbe, nämlich den Bischof aufzuhängen. Ich hätte auch Reichsleiter Bormann bereits entsprechend unterrichtet.
Dr. Goebbels sagte daraufhin, daß dies eine Maßnahme sei, die nur der Führer selbst entscheiden könne. Er befürchte allerdings, daß, wenn etwas gegen den Bischof unternommen würde, die Bevölkerung Münsters während des Krieges abzuschreiben sei. Dazu könne man ruhig noch ganz Westfalen nehmen.
Ich machte ihn darauf aufmerksam, daß es nur notwendig sei, die hundsgemeine Lüge propagandistisch richtig herauszustellen. So müßte es doch möglich sein, der dortigen Bevölkerung nicht nur die Maßnahme klar zu machen, sondern sie in Empörung gegen den Bischof zu setzen.
Dr. Goebbels antwortete hierauf nochmals, daß der Führer ja sicher diese Frage selbst entscheiden würde.

Er ging danach darauf ein, daß es seines Erachtens richtiger gewesen wäre, während des Krieges die Kirchen nicht herauszufordern, sondern zu versuchen, sie in unserem Sinne so weit wie möglich zu steuern. Daher habe er auch seinerzeit die Besprechung mit Parteigenossen Gutterer angeordnet. Er wäre aber dann auf diesem Wege nicht weitergegangen, da ja die Parteikanzlei die unbedingte Ablehnung und den offenen Bruch gewünscht habe. So sehr es für ihn – im Gegensatz zu anderen Reichsleitern – selbstverständlich gewesen wäre, die Kirchenpresse zu verbieten, weil er hier wirklich eine Begründung und Entschuldigung der Kirche gegenüber gehabt habe, die den Schein wahrten, so stände er doch auf dem Standpunkt, daß es richtiger gewesen wäre, auch sonst den Schein gegenüber den Kirchen während des Krieges zu wahren. Man dürfe einen Gegner immer erst angreifen, wenn man bei einem entschiedenen Gegenangriff des Gegners auch entsprechend antworten könne. Dies sei aber bei dem Gegenangriff der Kirche während des Krieges außerordentlich schwierig, ja fast unmöglich. Man dürfe eine Rache nie heiß genießen, sondern kalt. In der Politik müsse man warten können, der Führer habe dies ja im Fall Rußland wieder klar und deutlich gezeigt. Wenn es nach ihm gegangen wäre, hätte man während des Krieges so getan, als wenn man mit den Kirchen loyal zusammenarbeite. Nach dem Kriege aber hätte der Führer bei der Bekanntgabe der großen sozialen Maßnahmen mit angekündigt, daß das gesamte Eigentum der Kirchen nunmehr dem deutschen Volk gehört. In der Siegesstimmung und der Freude über den sozialen Aufbau nach dem Kriege wäre es kinderleicht gewesen, diese Maßnahmen durchzuführen. Ich erklärte ihm, daß durch den Weg, der bisher beschritten worden sei, doch erreicht worden wäre, daß die Kirchenseite aus sich herausgegangen und uns so wertvolle Dokumente für ihre Bekämpfung nach dem Kriege gegeben hätte.
Dr. Goebbels sagte, daß seines Erachtens diese Maßnahmen nach dem Kriege auch ohne die Dokumente möglich gewesen wären, während uns jetzt die Auswirkung der kirchlichen Dokumente in der Stimmung außerordentlich zu schaffen machten. Auf jeden Fall sei es notwendig, daß nun für die Zukunft eine ganz klare

Regelung geschaffen würde, welcher Weg zu gehen sei. Bei den Erwägungen, die in diesem Zusammenhang angestellt werden müßten, dürften wir uns nicht vom Herzen, sondern müßten uns vom ganz kalten Verstand her leiten lassen.

Ich persönlich stehe auf dem Standpunkt, daß, wenn der Führer mit meinem Vorschlag, den Bischof aufzuhängen, einverstanden ist, wir ruhig den bisher beschrittenen Weg weitergehen können. Sollte aber der Führer diesen Vorschlag ablehnen und eine Abrechnung auch für diese Frage auf die Zeit nach dem Kriege verschieben, bitte ich doch zu erwägen, ob Dr. Goebbels nicht versuchen soll, wie weit es möglich ist, den von ihm vorgeschlagenen Weg zu gehen.

Tiessler

Druck: Heinrich Portmann, Der Bischof von Münster, Münster 1947, S. 194–196.

16

20. März 1942: Hirtenbrief der Bischöfe der Kölner und Paderborner Kirchenprovinz (Auszug)

[...] Zu gewissen tiefbedauerlichen Vorgängen und Bestrebungen können die Bischöfe nicht schweigen. Denn es werden Werte und Rechte bedroht und mißachtet, deren Unantastbarkeit nicht erst die christliche Offenbarung, sondern schon das gottgegebene Naturrecht und die natürliche Sittlichkeit verlangen.

Die katholischen Christen haben ein von Gott gegebenes ursprüngliches, aber auch vom Staat ausdrücklich verbürgtes Recht auf „die Freiheit des Bekenntnisses und der öffentlichen Ausübung der katholischen Religion". Tatsächlich wird aber vielfach auf abhängige Personen ein Druck ausgeübt, dem katholischen Bekenntnisse untreu zu werden und aus der Kirche auszutreten. Der Erwerb von Grundstücken zur Errichtung dringend notwendiger Kirchen wird mancherorts unmöglich gemacht. Wer kann es uns verdenken, daß wir für die Zukunft der Kirche auch im Altreich ernsteste Besorgnisse hegen, wenn wir hören, was in den ehemals zum Reiche gehörigen und durch die Tapferkeit un-

serer Soldaten wiedereroberten Gebieten vor sich geht, wo zahlreiche Kirchen für den Gottesdienst gesperrt und sogar für profane Zwecke verwendet sind.
Die katholischen Eltern haben ein natürliches Recht, ihre Kinder frei nach den Forderungen des eigenen Gewissens religiös zu erziehen. Aber immer wieder mußten wir darüber Klage führen, daß katholische Schulen abgeschafft, der Religionsunterricht beseitigt oder auf ein unzulängliches Mindestmaß beschränkt und in manchen Gegenden die Kindergärten der Kirche genommen wurden.
Als schwere Beeinträchtigung der religiösen Freiheit empfinden wir es auch, daß die kirchliche Volkspresse völlig unterdrückt wurde und der Neudruck christlich-religiöser Schriften, sogar der Schulbibel und des Katechismus, überaus erschwert ist, während christentumsfeindliche Schriften in Massenauflagen gedruckt und verbreitet werden.
Jeder Mensch hat das natürliche Recht auf persönliche Freiheit innerhalb der Grenzen, die der Dienst Gottes, die Rücksicht auf die Mitmenschen und das Gemeinwohl und die Pflicht des Gehorsams gegen die gerechten Gebote der Obrigkeit ihm ziehen. Deshalb verlangen wir gerichtliche Nachprüfung aller Strafmaßnahmen und Freilassung für alle Volksgenossen, die ohne den Nachweis einer mit Freiheitsentziehung bedrohten Straftat ihrer Freiheit beraubt sind.
Jeder Mensch hat das natürliche Recht auf das Leben und auf die zum Leben notwendigen Güter. Der lebendige Gott, der Schöpfer alles Lebens, ist allein Herr über Leben und Tod. *Unter keinen Umständen darf der Mensch* sich selbst das Leben nehmen, noch auch *einen unschuldigen Menschen töten*, es sei denn im Kriege oder in der gerechten Notwehr.
Wir Bischöfe werden nicht unterlassen, gegen die Tötung Unschuldiger Verwahrung einzulegen. Niemand ist seines Lebens sicher, wenn nicht unangetastet dasteht: „Du sollst nicht töten!“
[...]

Druck: W. Corsten, Kölner Aktenstücke, S. 260–262.

17

30. April 1943: Pius XII. an Bischof Preysing (Auszug)

[...] Wir sind dir, ehrwürdiger Bruder, dankbar für die klaren und offenen Worte, die du bei verschiedenen Gelegenheiten an deine Gläubigen und damit an die Öffentlichkeit gerichtet hast; Wir denken u. a. an deine Ausführungen vom 28. Juni 1942 über die christliche Rechtsauffassung; vom Totensonntag im vergangenen November über das Recht auf Leben und Liebe, das jedem Menschen zusteht; Wir denken besonders an deinen Adventshirtenbrief; der ja auch für die westdeutschen Kirchenprovinzen bestimmt war, über die Herrschaftsrechte Gottes, die Rechte des Einzelnen und der Familie; auch in der schließlich zur Verlesung gekommenen Fassung war er immer noch sehr eindrucksvoll.
Man wende nicht ein, daß bischöfliche Kundgebungen, die mutvoll der eigenen Regierung gegenüber für die Rechte der Religion, der Kirche, der menschlichen Persönlichkeit, für Schutzlose, von der öffentlichen Macht Vergewaltigte eintreten, gleichviel ob die Betroffenen Kinder der Kirche oder Außenstehende sind – daß solche Kundgebungen eurem Vaterland in der Weltöffentlichkeit schaden. Jedes mutvolle Eintreten für Recht und Menschlichkeit stellt euer Vaterland nicht bloß, wird euch und ihm vielmehr in der Weltöffentlichkeit Achtung schaffen und kann sich in Zukunft sehr zu seinem Besten auswirken.
Als Oberster Hirt der Gläubigen sorgen Wir Uns auch darum, daß eure Katholiken ihre Überzeugungen und deren Bekenntnis rein halten von einem Sichabfinden mit Grundsätzen und Taten, die dem Gesetz Gottes und dem Geiste Christi widerstreiten, ja ihnen mehr als einmal Hohn sprechen. Es hat Uns, um ein naheliegendes Beispiel zu nehmen, getröstet zu hören, daß die Katholiken, gerade auch die Berliner Katholiken, den sogenannten Nichtariern in ihrer Bedrängnis viel Liebe entgegengebracht haben, und Wir sagen in diesem Zusammenhang ein besonderes Wort väterlicher Anerkennung wie innigen Mitgefühls dem in Gefangenschaft befindlichen Prälaten Lichtenberg. – Aber schon der Gedanke, es könnten allmählich, vielleicht fast unvermerkt,

jene Auffassungen durch die Macht der Gewöhnung und unter der Wirkung ihrer unaufhörlichen Verbreitung Eingang auch in die Gedankenwelt der Katholiken, besonders ihrer jungen Generation finden, schon dieser Gedanke schmerzt Uns. Du weißt, daß der Heilige Stuhl die Vorgänge bei euch auf liturgischem Gebiet für wichtig genug gehalten hat, um sich mit ihnen zu befassen. Wir gestehen aber, daß Uns die Reinerhaltung der christlichen Überzeugung von aller ihr drohenden Vergiftung noch ungleich mehr am Herzen liegt als jene liturgischen Fragen. Was würde ein noch so schöner Gottesdienst im Kirchenraum bedeuten, wenn draußen im Leben Denken und Tun der Gläubigen dem Gesetz und der Liebe Christi entfremdet wären!
Den an Ort und Stelle tätigen Oberhirten überlassen Wir es abzuwägen, ob und bis zu welchem Grade die Gefahr von Vergeltungsmaßnahmen und Druckmitteln im Falle bischöflicher Kundgebungen sowie andere vielleicht durch die Länge und Psychologie des Krieges verursachten Umstände es ratsam erscheinen lassen, trotz der angeführten Beweggründe, ad maiora mala vitanda Zurückhaltung zu üben. Hier liegt einer der Gründe, warum Wir selber Uns in Unseren Kundgebungen Beschränkungen auferlegen; die Erfahrung, die Wir im Jahre 1942 mit päpstlichen, von Uns aus für die Weitergabe an die Gläubigen freigestellten Schriftstücken gemacht [haben], rechtfertigt, soweit Wir sehen, Unsere Haltung. [...]

Druck: P. Blet, A. Martini, B. Schneider, Briefe Pius XII., S. 235–242.

Literaturhinweise

(Die Literatur bis 1974 ist zusammengefaßt und bewertet bei Ulrich von Hehl, Kirche, Katholizismus und das nationalsozialistische Deutschland. Ein Forschungsüberblick, in: Dieter Albrecht (Hrsg.), Katholische Kirche im Dritten Reich. Eine Aufsatzsammlung, Mainz 1976).

Actes et Documents du Saint Siège relatifs à la Seconde Guerre Mondiale, hrsg. von Pierre Blet, Robert A. Graham, Angelo Martini, Burkhart Schneider, Bde. 1 ff, Città del Vaticano 1965 ff.

ADAM, Uwe Dietrich, Judenpolitik im Dritten Reich (=Tübinger Schriften zur Sozial- und Zeitgeschichte, 1), Düsseldorf 1972.

ADOLPH, Walter, Geheime Aufzeichnungen aus dem nationalsozialistischen Kirchenkampf 1935–1943, bearbeitet von Ulrich von Hehl (=Veröffentlichungen der Kommission für Zeitgeschichte, Reihe A: Quellen, Bd. 28), Mainz 1979.

ADOLPH, Walter, Hirtenamt und Hitlerdiktatur, Berlin 1965.

ADOLPH, Walter, Kardinal Preysing und zwei Diktaturen. Sein Widerstand gegen die totalitäre Macht, Berlin 1971.

ALBRECHT, Dieter (Hrsg.), Katholische Kirche im Dritten Reich. Eine Aufsatzsammlung zum Verhältnis von Papsttum, Episkopat und deutschen Katholiken zum Nationalsozialismus 1933–1945, Mainz 1976.

ALBRECHT, Dieter (Bearbeiter), Der Notenwechsel zwischen dem Heiligen Stuhl und der deutschen Reichsregierung 1933–1945. Bd. 1: Von der Ratifizierung des Reichskonkordats bis zur Enzyklika „Mit brennender Sorge", Bd. 2: 1937–1945, Bd. 3: Der Notenwechsel und die Demarchen des Nuntius Orsenigo 1933–1945 (=Veröffentlichungen der Kommission für Zeitgeschichte, Reihe A: Quellen, Bde. 1, 10 und 29), Mainz 1965, 1969 und 1980.

ARETZ, Jürgen, Katholische Arbeiterbewegung und Nationalsozialismus. Der Verband katholischer Arbeiter- und Knappenvereine Westdeutschlands 1923–1945 (=Veröffentlichungen der Kommission für Zeitgeschichte, Reihe B: Forschungen, Bd. 25), Mainz 1979.

BAUMGÄRTNER, Raimund, Weltanschauungskampf im Dritten Reich. Die Auseinandersetzung der Kirchen mit Alfred Rosenberg (=Veröffentlichungen der Kommission für Zeitgeschichte, Reihe B: Forschungen, Bd. 22), Mainz 1977.

BAYERN in der NS-Zeit. (I). Soziale Lage und politisches Verhalten der Bevölkerung im Spiegel vertraulicher Berichte, hrsg. von Martin Broszat, Elke Fröhlich, Falk Wiesemann, München–Wien 1977.

BAYERN in der NS-Zeit. II. Herrschaft und Gesellschaft im Konflikt, Teil A, hrsg. von Martin Broszat und Elke Fröhlich, München–Wien 1979.

BECKER, Josef, Der Vatikan und der Zweite Weltkrieg, in: Dieter Al-

brecht (Hrsg.), Katholische Kirche im Dritten Reich, Mainz 1976, S. 171–193.
BOBERACH, Heinz (Bearbeiter), Berichte des SD und der Gestapo über Kirchen und Kirchenvolk in Deutschland 1934–1944 (=Veröffentlichungen der Kommission für Zeitgeschichte, Reihe A: Quellen, Bd. 12), Mainz 1971.
BORN, Ludger und GROPPE, Lothar, Die Erzbischöfliche Hilfsstelle für nichtarische Katholiken in Wien (=Wiener Katholische Akademie, Miscellanea LXII), Wien [3]1979.
BREUNING, Klaus, Die Vision des Reiches. Deutscher Katholizismus zwischen Demokratie und Diktatur (1929–1934), München 1969.

CLAUSS, Manfred, Die Beziehungen des Vatikans zu Polen während des Zweiten Weltkrieges (= Bonner Beiträge zur Kirchengeschichte, Bd. II), Köln–Wien 1979.
CONWAY, John S., Die nationalsozialistische Kirchenpolitik. Ihre Ziele, Widersprüche und Fehlschläge, München 1969.
CORSTEN, Wilhelm, Kölner Aktenstücke zur Lage der katholischen Kirche in Deutschland 1933–1945, Köln 1949.

DEUTSCH, Harold C., Verschwörung gegen den Krieg. Der Widerstand in den Jahren 1939–1940, München 1969.
DOETSCH, Wilhelm Josef, Württembergs Katholiken unterm Hakenkreuz 1930–1935, Stuttgart 1969.

EILERS, Rolf, Die nationalsozialistische Schulpolitik. Eine Studie zur Funktion der Erziehung im totalitären Staat (= Staat und Politik, Bd. 4), Köln–Opladen 1963.
EMUNDS, Paul, Der stumme Protest, Aachen 1962.
ERDMANN, Karl Dietrich, Die Zeit der Weltkriege, in: Gebhardt, Handbuch der deutschen Geschichte, Bd. 4/2, Stuttgart [9]1976.
ERGFER, Hermann (Hrsg.), Das Bistum Hildesheim 1933–1945. Eine Dokumentation, Hildesheim 1971.

FALTER, Jürgen W., Wer verhalf der NSDAP zum Sieg? Neuere Forschungsergebnisse zum parteipolitischen und sozialen Hintergrund der NSDAP-Wähler 1924–1933, in: Aus Politik und Zeitgeschichte, B 28–29/79, S. 3–21.

GOTTO, Klaus, Die Wochenzeitung Junge Front/Michael. Eine Studie zum katholischen Selbstverständnis und zum Verhalten der jungen Kirche gegenüber dem Nationalsozialismus (=Veröffentlichungen der Kommission für Zeitgeschichte, Reihe B: Forschungen, Bd. 8), Mainz 1970.
GOTTO, Klaus, Katholische Kirche und Nationalsozialismus, in: Staatslexikon der Görres-Gesellschaft, Erg.-Bd. 2, Freiburg [6]1970, Sp. 487–492.

Hehl, Ulrich von, Katholische Kirche und Nationalsozialismus im Erzbistum Köln 1933–1945 (=Veröffentlichungen der Kommission für Zeitgeschichte, Reihe B: Forschungen, Bd. 23), Mainz 1977.
Hockerts, Hans Günter, Die Sittlichkeitsprozesse gegen katholische Ordensangehörige und Priester 1936/37. Eine Studie zur nationalsozialistischen Herrschaftstechnik und zum Kirchenkampf (=Veröffentlichungen der Kommission für Zeitgeschichte, Reihe B: Forschungen, Bd. 6), Mainz 1971.
Höllen, Martin, Heinrich Wienken (1883–1961). Drei Epochen katholischer Kirchenpolitik, Magister-Arbeit, Berlin 1979.

Kempner, Benedicta Maria, Priester vor Hitlers Tribunalen, München 1966.
Kershaw, Ian, Antisemitismus und Volksmeinung. Reaktion auf die Judenverfolgung, in: Martin Broszat und Elke Fröhlich (Hrsg.), Bayern in der NS-Zeit, Bd. II, Herrschaft und Gesellschaft im Konflikt, Teil A, München–Wien 1979, S. 281–348.
Kraiker, Gerhard, Politischer Katholizismus in der BRD. Eine ideologiekritische Analyse, Stuttgart 1972.

Lapide, Pinchas E., Rom und die Juden, Freiburg–Basel–Wien 1967.
Lewy, Guenter, Die katholische Kirche und das Dritte Reich, München 1965.
Lill, Rudolf, Katholizismus nach 1848, in: Karl Heinrich Rengstorf, Siegfried von Kortzfleisch (Hrsg.), Kirche und Synagoge. Handbuch zur Geschichte von Christen und Juden. Darstellung mit Quellen, Bd. 2, Stuttgart 1970.

May, Georg, Interkonfessionalismus in der Deutschen Militärseelsorge von 1933 bis 1945, Amsterdam 1978.
Milatz, Alfred, Wähler und Wahlen in der Weimarer Republik (=Schriftenreihe der Bundeszentrale für politische Bildung, Heft 66), Bonn 1965.
Misalla, Heinrich, Für Volk und Vaterland. Die Kirchliche Kriegshilfe im Zweiten Weltkrieg, Königsstein/Ts. 1978.
Mleinek, Elisabeth, Der Verein katholischer deutscher Lehrerinnen im Kampf mit dem Nationalsozialismus, Berlin–Tübingen 1948.
Morsey, Rudolf, Das „Ermächtigungsgesetz“ vom 24. März 1933, Göttingen 1968.
Morsey, Rudolf, Der Untergang des politischen Katholizismus, Stuttgart 1977.
Mosse, George L., Rassismus. Ein Krankheitssymptom in der europäischen Geschichte des 19. und 20. Jahrhunderts, Königsstein 1978.
Muckermann, Friedrich, Im Kampf zwischen zwei Epochen. Lebenserinnerungen, bearb. von N. Junk (Veröffentlichungen der Kommission für Zeitgeschichte bei der Katholischen Akademie in Bayern, Reihe A, Band 15), Mainz 1973.

NEUHÄUSLER, Johann, Kreuz und Hakenkreuz. Der Kampf des Nationalsozialismus gegen die katholische Kirche und der kirchliche Widerstand, München ²1946.
NOWAK, Kurt, Euthanasie und Sterilisierung im ‚Dritten Reich'. Die Konfrontation der evangelischen und katholischen Kirche mit dem „Gesetz zur Verhütung erbkranken Nachwuchses" und der „Euthanasie"-Aktion (=Arbeiten zur Geschichte des Kirchenkampfes, Ergänzungsreihe, Bd. 12), Göttingen 1978.

POHLSCHNEIDER, Johannes, Der nationalsozialistische Kirchenkampf in Oldenburg. Erinnerungen und Dokumente, Kevelaer 1978.
PRANTL, Helmut (Bearbeiter), Die kirchliche Lage in Bayern nach den Regierungspräsidentenberichten 1933–1943, Bd. 5: Regierungsbezirk Pfalz 1933–1940 (=Veröffentlichungen der Kommission für Zeitgeschichte, Reihe A: Quellen, Bd. 24), Mainz 1978.

RAEM, Heinz-Albert, Pius XI. und der Nationalsozialismus. Die Enzyklika „Mit brennender Sorge" vom 14. März 1937 (=Beiträge zur Katholizismusforschung), Paderborn–München–Wien–Zürich 1979.
REIFFERSCHEID, Gerhard, Das Bistum Ermland und das Dritte Reich (=Bonner Beiträge zur Kirchengeschichte, Bd. 7), Köln–Wien 1975.
REPGEN, Konrad, Christen im Widerstand. Am Beispiel des Kulturkampfes der Bismarckzeit und des Kirchenkampfes der Hitlerdiktatur, in: Ich will euch Zukunft und Hoffnung geben. 85. Deutscher Katholikentag vom 13. September bis 17. September 1978 in Freiburg, Paderborn 1978, S. 256–273.
REPGEN, Konrad, Die Außenpolitik der Päpste im Zeitalter der Weltkriege, in: Hubert Jedin, Konrad Repgen (Hrsg.), Handbuch der Kirchengeschichte, Bd. 7: Die Weltkirche im 20. Jahrhundert, Freiburg i. Br. 1979, S. 36–96.
REPGEN, Konrad, Hitlers Machtergreifung und der deutsche Katholizismus. Versuch einer Bilanz, Wiederabdruck in: Dieter Albrecht (Hrsg.), Katholische Kirche im Dritten Reich, Mainz 1976, S. 1–34.
REUTTER, Lutz-Eugen, Die Hilfstätigkeit katholischer Organisationen und kirchlicher Stellen für die im nationalsozialistischen Deutschland Verfolgten, Phil. Diss., Hamburg ²1970. Gedruckt unter dem Titel: Katholische Kirche als Fluchthelfer im Dritten Reich. Die Betreuung von Auswanderern durch den St. Raphaelsverein, Recklinghausen–Hamburg 1971.

SCHADT, Jörg (Bearb.), Verfolgung und Widerstand unter dem Nationalsozialismus in Baden. Die Lageberichte der Gestapo und des Generalstaatsanwalts Karlsruhe 1933–1940 (=Veröffentlichungen des Stadtarchivs Mannheim, Bd. 3), Stuttgart–Berlin–Köln–Mainz 1976.
SCHELLENBERGER, Barbara, Katholische Jugend und Drittes Reich. Eine

Geschichte des Katholischen Jungmännerverbandes 1933–1939 unter besonderer Berücksichtigung der Rheinprovinz (=Veröffentlichungen der Kommission für Zeitgeschichte, Reihe B: Forschungen, Bd. 17), Mainz 1975.
SCHNEIDER, Burkhart, BLET, Pierre, MARTINI, Angelo (Hrsg.), Die Briefe Pius' XII. an die deutschen Bischöfe 1939–1944 (=Veröffentlichungen der Kommission für Zeitgeschichte, Reihe A: Quellen, Bd. 4), Mainz 1966.
SCHÖNHOVEN, Klaus, Zwischen Anpassung und Ausschaltung. Die Bayerische Volkspartei in der Endphase der Weimarer Republik 1932/33, in: Historische Zeitschrift 224, 1977, S. 340–378.
SCHOLDER, Klaus, Die Kirchen und das Dritte Reich, Bd. 1: Vorgeschichte und Zeit der Illusionen 1918–1934, Frankfurt/M.–Berlin–Wien 1977.
SIEGELE-WENSCHKEWITZ, Leonore, Nationalsozialismus und Kirchen. Religionspolitik von Partei und Staat bis 1935 (=Tübinger Schriften zur Sozial- und Zeitgeschichte 5), Düsseldorf 1974.
STASIEWSKI, Bernhard (Bearb.), Akten deutscher Bischöfe über die Lage der Kirche 1933–1945, Bd. 1: 1933–1934, Bd. 2: 1934–1935, Bd. 3: 1935–1936 (=Veröffentlichungen der Kommission für Zeitgeschichte, Reihe A: Quellen, Bde. 5, 20 und 25), Mainz 1968, 1976 und 1979.
STASIEWSKI, Bernhard, Die Kirchenpolitik der Nationalsozialisten im Warthegau, in: Vierteljahreshefte für Zeitgeschichte 7, 1959, S. 46–74.
STEINER, Johannes (Hrsg.), Propheten wider das Dritte Reich. Aus den Schriften des Dr. Fritz Gerlich und des Paters Ingbert Naab OFM Cap., München 1946.
STEINERT, Marlis G., Hitlers Krieg und die Deutschen. Stimmung und Haltung der deutschen Bevölkerung im Zweiten Weltkrieg, Düsseldorf–Wien 1970.
STOKES, Lawrence D., The German People and the Destruction of the European Jews, in: Central European History VI, 1973, S. 167–191.
Unseren Toten von 1933 bis 1945, hrsg. von der kirchlichen Hauptstelle für Männerseelsorge und Männerarbeit in den deutschen Diözesen, Fulda 1964.

VOLK, Ludwig (Bearb.), Akten deutscher Bischöfe über die Lage der Kirche 1933–1945, Bd. 4: 1936–1939 (= Veröffentlichungen der Kommission für Zeitgeschichte, Reihe A: Quellen, Bd. 30), Mainz 1980.
VOLK, Ludwig, Akten Kardinal Michael von Faulhabers 1917–1945, Bd. 1 und 2 (=Veröffentlichungen der Kommission für Zeitgeschichte, Reihe A: Quellen, Bde. 17 und 26), Mainz 1975 und 1978.
VOLK, Ludwig, Der bayerische Episkopat und der Nationalsozialismus 1930–1934 (=Veröffentlichungen der Kommission für Zeitgeschichte, Reihe B: Forschungen, Bd. 1), Mainz [2]1966.
VOLK, Ludwig, Die Fuldaer Bischofskonferenz von Hitlers Machtergrei-

fung bis zur Enzyklika ‚Mit brennender Sorge‘, Wiederabdruck in: Dieter Albrecht (Hrsg.), Katholische Kirche im Dritten Reich, Mainz 1976, S. 35–65.
VOLK, Ludwig, Die Fuldaer Bischofskonferenz von der Enzyklika ‚Mit brennender Sorge‘ bis zum Ende der NS-Herrschaft, Wiederabdruck in: Dieter Albrecht (Hrsg.), Katholische Kirche im Dritten Reich, Mainz 1976, S. 66–102.
VOLK, Ludwig, Die Kirche in den deutschsprachigen Ländern (Deutschland, Österreich, Schweiz), in: Hubert Jedin und Konrad Repgen (Hrsg.), Handbuch der Kirchengeschichte, Bd. VII: Die Weltkirche im 20. Jahrhundert, Freiburg–Basel–Wien 1979, S. 537–561.
VOLK, Ludwig, Das Reichskonkordat vom 20. Juli 1933. Von den Ansätzen in der Weimarer Republik bis zur Ratifizierung am 10. September 1933. (=Veröffentlichungen der Kommission für Zeitgeschichte, Reihe B: Forschungen, Bd.5, Mainz 1972.
VOLLMER, Bernhard, Volksopposition im Polizeistaat. Gestapo- und Regierungsberichte 1934–1936 (=Quellen und Darstellungen zur Zeitgeschichte, Bd.2), Stuttgart 1957.

WEILER, Eugen, Die Geistlichen in Dachau sowie in anderen Konzentrationslagern und Gefängnissen, Mödling bei Wien 1971.
WEISENBORN, Günther, Der lautlose Aufstand. Bericht über die Widerstandsbewegung des deutschen Volkes 1933–1945 (=Bibliothek des Widerstandes), Frankfurt/Main [4]1974.
WITETSCHEK, Helmut (Bearb.), Die kirchliche Lage in Bayern nach den Regierungspräsidentenberichten 1933–1943. Bd. 1: Regierungsbezirk Oberbayern, Bd. 2: Regierungsbezirk Ober- und Mittelfranken, Bd. 3: Regierungsbezirk Schwaben (=Veröffentlichungen der Kommission für Zeitgeschichte, Reihe A: Quellen, Bde. 3, 8 und 14), Mainz 1966, 1967 und 1971.

ZAHN, Gordon C., Die deutschen Katholiken und Hitlers Kriege, Graz–Köln 1965.
ZIEGLER, Walter (Bearb.), Die kirchliche Lage in Bayern nach den Regierungspräsidentenberichten 1933–1943, Bd. 4: Regierungsbezirk Niederbayern (=Veröffentlichungen der Kommission für Zeitgeschichte, Reihe A: Quellen, Bd. 16), Mainz 1973.
ZIPFEL, Friedrich, Kirchenkampf in Deutschland 1933–1945. Religionsverfolgung und Selbstbehauptung der Kirchen in der nationalsozialistischen Zeit (=Veröffentlichungen der Historischen Kommission zu Berlin beim Friedrich-Meinecke-Institut der Freien Universität Berlin, Bd. 11), Berlin 1965.

Dieter Albrecht (1927), Dr. phil., Prof. für Mittelalterliche und Neuere Geschichte an der Universität Regensburg, Mitherausgeber der Veröffentlichungen der Kommission für Zeitgeschichte
Veröffentlichungen: Der Notenwechsel zwischen dem Hl. Stuhl und der Reichsregierung 1933–37 (1965); (Hrsg.) Katholische Kirche im Dritten Reich.
Klaus Gotto (1943), Dr. phil., Leiter des Archivs für Christlich-Demokratische Politik der Konrad-Adenauer-Stiftung e. V., Bonn
Veröffentlichungen: Die Wochenzeitung Junge Front/Michael (1970); Adenauers Deutschland- und Ostpolitik 1954–1963, in: Adenauer-Studien III (1974).
Ulrich von Hehl (1947), Dr. phil., Wissenschaftlicher Mitarbeiter der Kommission für Zeitgeschichte, Bonn
Veröffentlichungen: Katholische Kirche und Nationalsozialismus im Erzbistum Köln 1933–1945 (1977); (Hrsg.) Walter Adolph, Geheime Aufzeichnungen aus dem nationalsozialistischen Kirchenkampf 1935–1943 (1979).
Hans Günter Hockerts (1944), Dr. phil., Privatdozent an der Universität Bonn
Veröffentlichungen: Die Sittlichkeitsprozesse gegen katholische Ordensangehörige und Priester 1936/37 (1971); Sozialpolitische Entscheidungen im Nachkriegsdeutschland (1980).
Rudolf Lill (1934), Dr. phil., Prof. für Neuere Geschichte an der Universität Passau
Veröffentlichungen: Die Beilegung der Kölner Wirren 1840–1842 (1962); Die ersten deutschen Bischofskonferenzen (1964); Vatikanische Akten zur Geschichte des deutschen Kulturkampfes Leo XIII. (1970).
Rudolf Morsey (1927), Dr. phil., Prof. für Neuere Geschichte an der Hochschule für Verwaltungswissenschaften in Speyer, Vorsitzender der Kommission für Geschichte des Parlamentarismus und der Politischen Parteien, Stellvertretender Vorsitzender der Kommission für Zeitgeschichte
Veröffentlichungen: Die Deutsche Zentrumspartei 1917–1923

(1966); Die Protokolle der Reichstagsfraktion und des Fraktionsvorstands der Deutschen Zentrumspartei 1926–1933 (1969); Der Untergang des politischen Katholizismus (1977).

Konrad Repgen (1923), Dr. phil., Prof. für Mittelalterliche und Neuere Geschichte an der Universität Bonn, Mitglied der Historischen Kommission der Bayerischen Akademie der Wissenschaften, Vorsitzender der Kommission für Zeitgeschichte
Veröffentlichungen: Märzbewegung und Maiwahlen 1848 im Rheinland (1955); Papst, Kaiser und Reich 1521–1644 (1962/1965); Hrsg. der Veröffentlichungen der Kommission für Zeitgeschichte (1965 ff.).

Burkhard van Schewick (1951), Dr. phil., Wissenschaftlicher Assistent des Historischen Seminars der Universität Bonn
Veröffentlichungen: Die Katholische Kirche und die Entstehung der Verfassungen in Westdeutschland 1945–1950 (1980).

Ludwig Volk, SJ (1926), Dr. phil., Ordenseintritt 1946, seit 1965 Mitarbeiter der Kommission für Zeitgeschichte, Bonn
Veröffentlichungen: Der Bayerische Episkopat und der Nationalsozialismus 1930–1934 (1965); Das Reichskonkordat vom 20. Juli 1933 (1972); Akten Kardinal Michael von Faulhabers 1917–1945 (1975).

Bildnachweis

Archiv Kommission für Zeitgeschichte
Bischof Konrad Graf von Preysing / Karikatur des antisemitischen Hetzblatts „Der Stürmer“ / Dompropst Bernhard Lichtenberg, Berlin

Ullstein-Bilderdienst
Adolf Hitler und Alfred Rosenberg / Heinrich Himmler und Reinhard Heydrich / Papst Pius XI. / Papst Pius XII. / Adolf Kardinal Bertram / Bischof Clemens August Graf von Galen / Bischof Wilhelm Berning

Bildarchiv preußischer Kulturbesitz
Tag von Potsdam, 21. März 1933 / Die Unterzeichnung des Reichskonkordats am 20. Juli 1933 / Michael Kardinal Faulhaber / Deportation der Juden aus Würzburg / Pater Alfred Delp SJ vor dem Volksgerichtshof

Dekan Paul Kopf, Ludwigshafen
Bischof Johannes Baptista Sproll

P. Ludwig Volk, München
Fronleichnamsprozession in München 1945

Erzbischöfliches Archiv Bamberg
60000 Gläubige strömen bei der Bamberger Doppelfeier am 9. Mai 1937 auf dem Domplatz zusammen

Erzbischöfliches Archiv Köln
Katholische Jugend im Kölner Dom 1937

Bundesarchiv Koblenz
Wahlplakat der deutschen Zentrumspartei

Topos-Taschenbücher

2 L. Boros, Erlöstes Dasein
3 M. Oraison, Meditationen über den Sinn des Lebens
5 O.H. Pesch, Rechenschaft über den Glauben
7 M. Sievernich u.a., Sexualmoral ohne Normen?
11 J.B. Metz, Zur Theologie der Welt
12 M. Noël, Erfahrungen mit Gott
13 K.-H. Bloching, Texte moderner Schriftsteller zur Meditation
14 F. Kerstiens, Der Weg Jesu
19 B. Häring (Hg.), Haus des Gebets. Impuls zur charismatischen Erneuerung
20 W. Lambert u.a., Damit alle leben können
21 W. Kasper, Glaube im Wandel der Geschichte
27 P. Antes/B. Uhde, Aufbruch zur Ruhe. Texte und Gedanken über Meditation in Hinduismus, Buddhismus und Islam
28 R. Guardini, Religiöse Erfahrung und Glaube
29 O.H. Pesch, Kleines katholisches Glaubensbuch
30 W. Massa (Hg.), Kontemplative Meditation. Die Wolke des Nichtwissens – Einführung und Text
32 E. Bischofberger u.a., Experiment einer Wohlfahrtsgesellschaft. Das Modell Schweden
33 G. Heussen, 62 Leute von nebenan. Geschichten zum Philipperbrief
36 E. Pelke, Der Lübecker Christenprozeß 1943
37 F. Buechner, Wer niemals zweifelt . . . Ein ABC des Glaubens
38 S. Konijn, Öffne uns für deine Zukunft. Texte für Schriftlesung, Betrachtung und Gebet
39 A. Augustinus, Auf der Suche nach dem Glück. Gedanken aus seinem Werk
40 H. Mühlen, Einübung in die christliche Grunderfahrung I. Lehre und Zuspruch
41 R. Guardini, Der Weg zum Mensch-Werden
42 J. Hoffmann-Herreros (Hg.), Weihnachtsgeschichten
43 M. Oraison, Jesus Christus – der Tote, der lebt
45 D. Albrecht (Hg.), Katholische Kirche im Dritten Reich

46 K.-H. Bloching, Texte über Gott. Anregungen zum Nachdenken
47 G. Bossis, Geht meiner Liebe entgegen. Geistl. Tagebuch II
48 O.H. Pesch, Die Zehn Gebote
49 H. Mühlen, Einübung in die christliche Grunderfahrung II. Gebet und Erwartung
50 G. Greshake, Stärker als der Tod
51 G. Bossis, Er und ich. Geistliches Tagebuch I
52 E. Kock, Franziska Schervier. Zeugin einer dienenden Kirche
53 M. Thurian, Frère de Taizé, Die eine Eucharistie
54 H. Volk, Zum Lob seiner Herrlichkeit
55 H. Müller-Fahlbusch, Leben zwischen Angst und Freiheit. Erkenntnisse und Hilfen aus der Psychiatrie
56 W. Johnston, Zen – ein Weg für Christen
57 E. Iserloh/C. Stoll, Bischof Ketteler in seinen Schriften
58 Mutter Teresa von Kalkutta, Geistliche Texte
59 P. Jakobi/H.-E. Rösch (Hg.), Sport – Dienst am Menschen
60 A. Janzing, Ganzheitliche Geschlechtserziehung in Elternhaus, Kindergarten, Schule und Jugendarbeit
61 J.-C. Barreau, Beten als Befreiung statt Drogen und Rausch
62 K.-H. Bloching, Texte über den Sinn des Lebens
63 J. Hoffmann-Herreros (Hg.), Er ist Mensch geworden. Weihnachtsgeschichten II
64 P. Jakobi/H.-E. Rösch (Hg.), Sport – Dienst an der Gesellschaft
65 T. Schneider, Wir sind sein Leib. Meditationen zur Eucharistie
66 K. Forster (Hg.), Religiös ohne Kirche? Eine Herausforderung für Glaube und Kirche
67 G. Volk, Entspannung – Sammlung – Meditation. Einübungen zur Erhaltung unserer Gesundheit
68 J. Hoffmann-Herreros (Hg.), Geschichten von Tod und Auferstehung
69 J. Imbach, Vergib uns unsere Schuld. Sünde, Umkehr und Versöhnung im Leben des Christen
70 J. Leclercq, Ermutigung zur Hoffnung
71 P. Lippert, Wer sein Leben retten will. Selbstverwirklichung und Askese in einer bedrohten Welt
72 M. Thurian, Frère de Taizé, Maria, Mutter des Herrn – Urbild der Kirche
73 P.M. Broeckx, Hör auf dein Herz. Einladung zum Beten
74 R. Follereau, Die Liebe treibt mich. Impulse für den Tag